강시일 기자와 떠나는...
경주 **화랑로드** 3권

작가의 말

　휴식은 삶의 에너지를 만들어주는 샘이라 할 수 있다. 역사도시 경주에서의 휴식은 더욱 울림이 큰 에너지원이 된다.
　경주는 지역 대부분이 국립공원으로 지정될 정도로 역사문화자원이 풍부하다. 거기에 경주만의 독특한 문화관광자원이 더해져서 시너지가 발생한다. 역사문화의 흔적은 환희에 차게 하지만 슬프게도 한다. 역사의 갈피를 들춰보면 아름답게 빛나는 면도 있지만 부끄러운 얼룩도 있기 때문이다.
　경주의 길 위에서는 고분, 탑, 불상, 정 맞은 돌조각들, 무늬 희미한 기와조각 등을 자연스럽게 만나게 된다. 화려하게 꽃 피운 문화예술, 왜적의 끝없는 침략에 대항한 강인한 의지, 화랑들의 피와 땀이 느껴지는 길들이 길게 이어진다. 신화와 전설이 발 길 닿는 곳마다 살아나 말을 건네오고, 오늘날과 다를 바 없었던 혼탁한 정치현장은 새로운 지혜의 샘이 되기도 한다.
　경주에서 힐링로드를 걷는 것은 모천으로 회귀하는 연어처럼 시간을 거슬러 저도 모르게 신라 속으로 스며들게 한다. 어제와 오늘이 버무려져 꽃으로 피어날 내일을 기대하며 즐거운 쉼의 시간, 경주 힐링로드 3권을 1권, 2권에 이어 소개한다.

(책에 실린 내용들은 2018년 1월부터 6월까지 경주의 현장에서 취재하고, 역사서적과 보고서들을 참고해서 기록한 내용들입니다. 독자들이 책을 읽는 시기에는 내용이 다를 수 있다는 것을 미리 밝혀둡니다.)

2018년 10월

대구일보 강시일 드림

CONTENTS

■ **국립공원의 사적**
10_ 경주국립공원
18_ 삼릉과 부엉골
26_ 열반재와 천룡사지
34_ 남산의 국보탐방
43_ 용장골의 보물

■ **걸어서 보는 남산**
52_ 남산의 마왕
61_ 별천룡골과 열반골
68_ 도당산과 해목령
76_ 남산의 신라
83_ 동남산 둘레길
91_ 서남산 둘레길

■ **문화가 있는 체험마을**

102_ 화랑마을
111_ 교촌마을
120_ 두대마을
128_ 다봉마을
137_ 옥산 세심마을
146_ 하범곡마을
152_ 두산 명주마을

■ **문화의 거리**

160_ 양동마을 양반길
168_ 양동마을 녹색길
175_ 불리단길
184_ 혼자수미술관
192_ 봉황대
200_ 황리단길

경주 국립공원
토함산
해발 745m

국립공원의 사적

경주국립공원
삼릉과 부엉골
열반재와 천룡사지
남산의 국보탐방
용장골의 보물

경주 남산 용장사지

경주 국립공원

　신라 천년 역사의 숨결을 느낄 수 있는 경주는 발길 닿는 곳이 다 공원이다. 오래된 불상과 석탑, 고분, 기왓장 등 유형문화재와 신화와 전설이 어우러져 아름다운 자연환경을 연출하고 있다. 이러한 환경으로 인해 경주국립공원은 우리나라에서 유일한 사적형 국립공원이다. 불국사와 석굴암이 있는 토함산지구, 노천박물관으로 불리는 남산지구, 문무왕의 수중릉이 있는 대본지구로 나누어 1968년 12월 31일 국립공원으로 지정되어 올해로 꼭 50년을 맞았다. 소금강, 화랑, 서악, 단석산지구는 1971년, 구미산지구는 1974년에 추가 지정되어 경주국립공원은 모두 8개지구다.

　국립공원 지정 50년, 경주국립공원사무소 관리 10주년을 맞아 경주국립공원을 개괄적으로 둘러보고, 이를 관리 운영하고 있는 경주국립공원사무소 용석원 소장의 공원 자랑과 운영방안을 들어본다. 경주국립공원이야말로 힐링의 본산이다.

■ 경주국립공원 50년

경주국립공원은 우리나라에서 유일한 사적형 공원으로 1968년 지리산에 이어 두 번째로 지정됐다. 8개 지구 13만6천550km^2 의 방대한 면적을 자랑하며 경주의 동서남북에 위치해 마치 경주 전체가 국립공원 같다.

경주국립공원에는 국보 12점, 보물 27점, 사적 9개소, 천연기념물 5점, 시도지정문화재 22건 등 75건의 지정문화재가 있다. 비지정문화재 148점을 포함하면 모두 223점의 문화재가 공원 곳곳에 산재해 방문객들을 반긴다. 경주국립공원은 문화재를 포함 다양한 자연자원이 수려한 풍경을 자랑하고 있다. 하늘다람쥐를 비롯한 멸종위기 동식물 21종과 2천330여종의 동식물이 자생하고 있다.

경주국립공원은 2008년 국가 관리체계에서 공원관리전문기관인 국립공원관리공단으로 이관돼 경주국립공원사무소가 10년째 관리하고 있다. 경주보문단지에 공원사무소를 설립하고, 토함산과 남산, 건천 등 3개소에 분소를 두고 있으며 80여명의 전문 인력이 종사하고 있다. 국립공원의 문화재는 물론 생물자원에 대해 조사 모니터링하는 한편 공원 내 멸종위기종을 보호관리하고 외래식물 퇴치활동도 지속적으로 전개하고 있다. 또 안전하고 편리한 공원 탐방을 위해 안전시설과 각종 편의시설을 보완 설치하고 있다.

문무왕릉 갈매기

역사문화자원과 아름다운 자연환경을 자랑하는 경주국립공원을 방문하는 연인원이 2천만명에 육박하고 있다. 국내외 방문객들의 최고 힐링자원으로 자리매김하고 있다. 경주국립공원사무소는 물론 경주문화원, 경주남산연구소, 신라문화원 등의 공공기관과 단체, 개인 해설사들이 탐방코스를 안내하며 체험학습, 역사문화교육 등의 프로그램을 진행하며 힐링의 구심점이 되고 있다.

경주국립공원 8개 지구

경주국립공원은 8개 지구로 구분된다. 지하에서 마그마가 솟아오르면서 그대로 식어 산이 된 남산지구, 세계문화유산으로 등록된 불교미술의 극치를 자랑하는 불국사와 석굴암이 있는 토함산지구, 김유신묘와 송화산이 있는 화랑지구, 백률송순의 3기8괴 이야기가 전해지는 소금강지구, 무열왕릉과 선도산이 있는 서악지구, 문무대왕릉이 있는 대본지구, 화랑수련장으로 알려지고 있는 단석산지구, 천도교 창시자인 수운 최제우의 생가와 그가 도를 깨우친 용담정이 있는 구미산지구이다.

토함산 추령재 황룡사지 석재

▶남산지구 : 경주 남산은 신라시대 궁궐의 남쪽에 위치해 남산이라 불린다. 남산은 이미 세계적으로 알려져 중국과 일본은 물론 영국, 프랑스 등 외국인 탐방객들이 줄을 잇는다. 남산은 국보 칠불암 불상군을 포함 118구의 불상과 석탑 96기가 있다. 절이 있었던 흔적도 147개소나 발견되었다. 남산은 신라시대 불국토였다. 산 전체가 절이요 신앙의 터로 신성시 되었던 땅이다. 남산은 금오봉과 고위봉 두 봉우리에서 뻗어내린 60여 계곡을 따라 절경이 연출되고 있다. 남산은 동서로 4km, 남북으로 8km의 타원형으로 형성된 화강암으로 이루어진 산이다. '남산에 오르지 않고는 경주를 보았다고 말하지 말라'는 말이 있듯 남산은 경주를 대표하는 명산이자, 세계문화유산으로 등록된 세계인의 문화자산이다.

▶토함산지구 : 경주의 동쪽을 둘러싸고 있는 토함산은 해발 746m 높이로 경주에서 단석산 다음으로 높다. 신라인의 얼이 깃든 영산으로 동악이라 불렸으며 신라 5대 명산 중 하나로 손꼽히기도 했다. 예부터 호국의 진산으로 신성시되어온 산이기도 하다. 여기에는 세계문화유산으로 등록된 불국사와 석굴암이 위치해 있다. 특히 해맞이 명소로 연말연시 동절기에도 찾는 발길이 끊이지 않는다.

경주 남산에 있는 엽서를 보낼 수 있는 우체통

▶서악지구 : 경주의 서쪽 선도산은 해발 380m 낮은 산이다. 선도산은 신라 건국설화와 관련된 성모설화가 전해오고 있다. 또 삼국통일의 기반을 마련한 태종무열왕의 묘가 서악지구의 중심을 이루고 있다. 서악고분군이 무열왕릉 뒤로 나란히 늘어 서 있고, 진흥왕릉과 실성왕릉 등의 고분이 작은 언덕을 이루고 있다. 이 때문에 쉰등마을로 불리기도 한다. 산 정상부에는 산성의 흔적이 있고 대형 마애삼존불이 있다.

▶소금강지구 : 소금강산은 신라 오악 가운데 하나로 북악으로 불렸다. 원조 금강산이지만 최근 소금강산으로 바꾸어 부른다. 높이는 낮지만 경주시내를 한눈에 조망할 수 있다. 신라 불교를 공인하게 된 이차돈의 순교 이래 이곳은 불교의 성지이자 성스러운 공간으로 전해진다. 법흥왕 때 이차돈의 죽음을 기리며 건립한 전통사찰 백률사와 큰 바위 4면에 불상이 새겨진 굴불사지석불상, 탈해왕릉, 표암 등의 신라건국기의 역사현장을 두루 볼 수 있다.

단석산 정상 단석

서악동 삼층석탑

▶단석산지구 : 단석산은 경주시 건천읍과 산내면 경계 지역에 위치한다. 해발 827m 높이로 경주지역에서 가장 높은 산이다. 신라시대에는 중악이라 부르며 성스럽게 여긴 지역이다. 경주로 들어서는 길목이어서 군사요충지로 활용되었으며 신라 화랑들은 심신을 수련하기 위해 단석산을 즐겨 찾았다. 화랑 출신의 명장으로 삼국통일의 주역인 김유신 장군도 단석산에서 무예를 연마한 것으로 전해지고 있다. 김유신 장군이 칼로 바위를 갈랐다는 일화가 전해지면서 산의 이름도 '단석산'으로 불리고 있다. 신라 7세기 전반기 불상양식을 보여주는 국보 제199호로 지정된 신선사마애불상군이 있어 탐방객들이 많이 찾는 곳이다.

▶화랑지구 : 화랑지구에는 신라의 명장인 김유신 장군의 묘가 있다. 김유신 장군묘는 사적지 제21호로 지정 관리되고 있으며 울창한 소나무 숲 속에 비석과 12지신상이 새겨진 호석으로 둘러싸여 왕의 능에 견주어도 손색이 없는 규모다. 화랑지구는 송화산 줄기가 동쪽으로 뻗은 전망 좋은 지역이다.

▶구미산지구 : 구미산은 경주시내에서 북서쪽으로 10㎞ 정도 떨어진 현곡면 가정리에 있다. 해발 594m 높이의 비교적 나지막한 산이다. 천도교의 창시자인 수운 최제우의 생가터와 묘가 있고, 그가 도를 깨우쳤다는 용담정이 있다. 그가 인내천사상을 깨치고 이를 집대성한 용담유사를 지은 용담정은 현재 천도교의 성지이자 수도원으로 그의 정신을 추모하는 많은 이들이 찾고 있다.

▶대본지구 : 대본지구는 경주국립공원 8개 지구 가운데 유일하게 바다와 접해 있다. 삼국통일을 달성한 문무대왕릉과 신문왕이 아버지 문무왕의 업적을 추모하기 위해 만든 감은사지터에 동서탑이 있다. 문무왕이 용으로 변하여 하늘로 오르는 모습을 보았다고 전해지는 이견대와 매년 해맞이 인파가 몰려드는 문무대왕릉 앞 해변은 경주를 찾는 탐방객들에게 빠질 수 없는 여행코스로 소개되고 있다.

감은사지 3층 석탑

단석산 신선사 마애불

■ 경주국립공원사무소 용석원 소장

"경주는 국민들의 꿈과 설렘이 있는 마음의 고향이라 생각하고, 안전하고 멋진 추억을 만들어 갈 수 있는 국민행복을 위한 최고의 휴양공간으로 만들어 갈 것입니다."

용석원(59) 소장은 "국내 유일한 사적형 국립공원인 경주국립공원을 신라 천년의 숨결이 느껴지도록 아름답게 가꾸어 갈 것"이라 한다.

그는 또 "국립공원은 우리 국민들의 공원이자 지금은 세계인들이 찾는 세계의 문화관광자원"이라며 "공원을 가꾸고 보존 관리하는 일과 함께 경주국립공원이 가지고 있는 특색과 아름다움을 널리 알리는 일도 같이 진행하고 있다"고 전했다.

경주사무소는 매년 위험한 탐방로 주변에 데크와 나무계단 등의 안전관리시설과 화장실, 벤치와 같은 편의시설을 확충해 나가고 있다. 또 남산지구 등에는 CCTV를 설치해 생태계와 문화재에 대한 모니터링을 하고 공원에 남아있는 분묘 이장사업을 꾸준히 진행하면서 외래종 식물 퇴치운동을 자원봉사단과 공동으로 매년 전개한다. 장애인들의 국립공원 탐방을 돕기 위해 무장애탐방로 설치사업을 벌여 무장산지구에 무장애탐방로를 설치하기도 했다.

산불예방은 물론 국립공원자원보호와 안전한 탐방 등을 위한 캠페인을 전개하며 '경주 남산', '경주국립공원의 역사문화유산', '이야기로 만나는 경주국립공원 문화자원' 등의 책을 발행해 홍보사업을 한다. 또 지정문화재는 물론 비지정문화재도 보호관리하고 있으며 탐방로를 개설하고, 안내간판과 보호팬스를 설치하는 등 '나도 문화재' 사업을 펼치고 있다. 효율적인 공원의 보호관리와 홍보를 위해 17명의 지역주민으로 구성된 자연환경해설사를 채용해 올해부터 정규직으로 전환 운영하고 있다.

용 소장은 "경주국립공원은 국민 모두의 것이며 후손들이 누려야 할 위대한 자연유산이자 경주시민의 자랑스런 보물"이라며 "문화재와 희귀동식물을 보호하고, 안전을 위해 지정된 탐방로를 이용해 주실 것"을 당부했다.

삼릉 입구 소나무숲길

 국립공원 남산지구 삼릉골과 부엉골

  경주 남산은 민족의 혼이 서린 성산으로 불린다. 남산은 동서 4km, 남북으로 8km에 이르고, 높이 494m에 불과한 작은 산이지만 문화유적과 전설이 곳곳에 산재해 국립공원으로 지정된데 이어 유네스코 세계문화유산으로 등재되어 있다. 높이가 낮아 등산길이 험하지 않고 경치가 빼어나며 풍부한 이야깃거리로 국내외 등산객과 문화재 탐방객의 발길이 넘쳐나는 힐링의 명소이다.

  경주남산연구소를 비롯한 많은 역사문화 연구원들이 남산에 대한 연구를 이어가며 연구논문과 문화답사기 등의 책들을 발간하고 있다. 경주남산연구소는 정기적인 남산 답사를 주관하면서 남산에 대한 문화유적을 안내하고 홍보하는데 앞장서고 있다.

  경주 남산에 대한 안내책자와 홍보물이 넘쳐나고 있지만 남산이 가진 역사성과 다양한 문화에 대해서는 아무리 이야기해도 부족하다. 남산의 문화재와 전설을 위주로 대표적인 답사코스를 통해 힐링하는 이들이 찾기 쉽게 코스별로 소개한다.

■ 남산과 망산

국립공원의 사적

"남산을 보지 않고 경주를 보았다고 말하지 말라"고 할 정도로 경주 남산은 경주의 역사가 압축된 노천박물관이다. 신라가 국가의 규모로 자리잡으면서 첫 번째 왕이 된 박혁거세가 탄생한 나정과 최초의 궁궐터 창림사지, 신라의 종말을 가져온 경애왕릉과 포석정 등의 사적지가 남산에 있다. 150여 곳의 절터와 120여구의 석불, 90여기의 석탑 흔적이 남아 있는 역사의 땅이다.

남산 생성에 대한 신화적 전설은 여러 문헌에 기록으로 남아 있다. 남산 정상 금오봉에 설치된 안내판에 기록된 전설을 읽어보면, 경주의 옛 지명 서라벌은 동방에서 가장 먼저 아침해가 뜨는 복된 땅이었다. 평화로운 서라벌에 두 신이 찾아왔다. 검붉은 얼굴에 근육이 발달한 남자신과 둥근 얼굴에 샛별 같은 눈동자를 가진 여신이었다. "이곳이 우리가 살 곳이구나"라며 서라벌로 들어서는데 빨래하던 처녀가 신들의 소리에 놀라 산과 같은 거대한 남녀를 보고 겁에 질려 "산 봐라, 사람 살려요"라며 고함을 지르고는 정신을 잃고 쓰러졌다. 처녀의 비명소리에 신들은 발을 멈추었는데 그 자리에서 산이 되어 버렸다. 남자신은 기상이 넘치는 남산이 되었고 여신은 남산의 서쪽에 부드럽고 포근하게 생긴 망산이 되었다. 부부신이 변해 산이 된 남산과 망산은 천년이 넘도록 경주 남쪽에 정답게 솟아 있다.

삼릉계곡

못난이 부처

삼릉계곡 석불좌상

삼릉 마애석불좌상

　경주 남산은 전체가 하나의 거대한 화강암 덩어리다. 남산 사방 어디든 계곡의 바닥을 이루는 것은 바위 덩어리다. 오랜 시간 풍화작용을 겪으면서 바위가 돌덩어리, 자갈, 흙이 되어 초목이 자라고 다양한 짐승들이 서식하게 된 것이다.

　온갖 신화와 전설이 깃든 남산에는 불상과 석탑, 절터, 왕릉 등의 문화재가 넘쳐난다. 이 때문에 나라에서는 남산을 국립공원으로 지정했으며, 유네스코 세계문화유산으로 등록되기도 했다.

　남산을 대표하는 봉우리는 해발 468m 높이의 금오봉과 남산 최고봉 494m 높이의 고위봉이다. 남산을 오르는 등산로는 사방팔방 열려 있어 열 곳도 넘는다. 문화유적이 풍부하고 경치가 아름다우면서 탐방하기 쉬운 코스는 삼릉곡이다. 가장 많은 사람들이 찾는 서남산 삼릉에서 바둑바위로 올라 금오봉, 금오정을 거쳐 늠비봉5층석탑과 부엉골로 내려오는 코스로 답사길을 선택해 본다.

금오봉 정상 표석

■ 삼릉골의 문화재와 불상들

처음 남산을 방문하는 답사객이라면 넓은 서남산 주차장에서 시작하는 삼릉 코스를 추천한다. 남산을 찾는 이들이 가장 쉽게 선택하는 코스다. 훌륭한 전망과 풍치를 즐기면서 많은 문화재들을 쉽게 만날 수 있기 때문이다. 등산을 시작하는 입구에서부터 선경을 만난다. 아름드리 소나무들이 빽빽하게 들어서 하늘이 보이지 않을 정도로 무릉송원을 이룬다. 삼릉이 엎드려 있는 삼릉숲은 소나무정원이다. 전문 사진작가들이 안개 피어오르는 소나무숲 절경을 포착하기 위해 줄을 이어 찾는 곳이기도 하다.

소나무 숲 향기에 젖어 발길을 옮기면 바로 사적 제219호로 지정된 삼릉이 나타난다. 54대 경명왕, 53대 신덕왕, 8대 아달라왕 순으로 낮은 곳에서 정상 쪽으로 일렬로 누워 있다. 왕들의 배열이 거꾸로 되었다는 설과 모두 다른 왕의 무덤일 것이라는 설이 분분하다.

계곡을 타고 정상으로 이어지는 등산로를 오르면 이내 머리없는 부처가 바위 위에 정좌하고 있다. 섬세한 옷 매듭에 우람한 근육을 자랑하는 이름 없는 불상 1호다. 동국대학교 문화재연구팀이 계곡에서 최초로 발견한 불상이다. 조각수법이 화려하고 아름다운 석상이지만 출처가 불분명하고 훼손정도가 심해서 문화재로 지정되지 못하고 있다. 보호관리를 위하여 문화재 지정이 필요하다.
 왼쪽 등성이로 100여m 오르면 남산에서도 가장 아름다운 석불로 손꼽히는 마애여래입상이 하늘에서 하강하는 듯한 모습으로 서있다. 마애관음보살상이다. 다시 계곡을 타고 정상을 오르는 길에서는 문화재를 무더기로 만날 수 있다. 거대한 바위에 검은 이끼가 뒤덮혀 자세하게 살펴야 찾을 수 있는 여섯구의 선각 불상, 지방유형문화재로 지정된 선각육존불이다. 가파른 바위산으로 이어진 등산길을 더 오르면 못난이 부처로 불리는 선각여래좌상이 있다. 여기에서 탁트인 전망을 내려다보며 땀을 식히고 다시 동편 계곡 방향 평길로 접어든다. 여러 차례 성형수술로 근엄한 자태를 찾은 보물 666호 석조여래좌상이 부채 같은 광배를 배경 삼아 앉아 있다. 다시 계곡을 따라 올라가면 마애여래상이 있다. 정상쪽으로 오르다보면 상선암과 거대한 마애석가여래좌상이 보인다. 여기에서 내려다보는 전경은 사진작가들이 엽서로 만들어 많이 알려진 풍경이다.
 신선들이 바둑을 두었다는 평퍼짐한 바둑바위에서 내려다보는 서라벌은 광활하다. 동서남북으로 넓게 엎드린 들과 강줄기는 무척이나 평화롭게 보인다. 바둑바위에서 상사바위까지는 온통 기암괴석들로 절경을 이룬다. 상사바위에서 금오봉까지의 거리는 아주 가깝다.

금오정

■ 늠비봉 5층석탑과 왕의 석좌

바둑바위

　금오봉 정상에서 남산에 얽힌 전설을 읽고, 순환도로를 따라 포석정 방향으로 내려오다 보면 또 다른 상사바위를 만나게 된다. 손녀 같은 소녀를 그리워하다 바위가 된 할아버지, 그 사연을 들은 소녀가 내생에서라도 사랑을 이루겠다며 바위에서 뛰어내렸다는 전설이 전하는 크고 작은 두 개의 바위. 거기에는 아직도 핏자국이 선연한 듯하다. 하산길로 접어들면 바로 금오정 정자가 있다. 바위 위에 호기롭게 서 있는 금오정은 사방팔방에서 불어오는 바람을 맞으며 등산객들에게 기꺼이 쉼터를 내어준다.

　편안한 포석정 방향의 하산길을 버리고 서쪽으로 이어지는 등성이를 따라 부엉골로 내려오다보면 신라탑에서는 잘 볼 수 없는 5층 석탑인 늠비봉5층석탑이 우뚝 서있다. 자태가 멋지고 주위 경관 또한 수려하지만 아직 문화재로 지정되지 못하고 있다. 석탑 주변에는 많은 석재들이 널려 있어 제법 규모가 컸던 절이 있었던 것으로 추정된다. 늠비봉에서 내려다보는 경치는 장관이다. 특히 야간에 내려다보는 시가지의 풍경은 화려하다. 마치 불꽃쇼가 펼쳐지는 듯하여 경주남산연구소의 달빛산행 코스로도 인기가 높았다.

　오층석탑 아래로는 기이한 모양을 한 바위들이 많다. 그중에서도 3인용 의자바위와 탁자바위가 단연 시선을 끈다. 소파의자처럼 생긴 돌벤치 앞에 탁자처럼 생긴 바위가 있다. 봄이면 탁자바위를 뚫고 진달래가 피어 꽃을 장식한 식탁과 같은 분위기를 연출한다. 오는 봄날 진달래가 필 즈음 왕좌에서 도시락을 먹어보는 것도 흥미로울 듯하다.

능비봉 5층석탑

■ 부엉이 우는 계곡

포석정에서 통일전으로 이어지는 순환도로를 따라 시작되는 계곡을 포석곡이라 부른다. 낮에도 부엉이가 출몰해 부엉골이라고도 불렀다. 올빼미인지 부엉이인지 모를 비슷한 종류의 새들을 요즘도 산행길에서 마주치곤 한다. 남산 순환도로를 따라 10여분 오르다 오른쪽으로 깊숙하게 들어가는 계곡이 부엉골이다. 부엉골은 입구에서부터 소나무가 울창하여 한여름에도 볕이 땅으로 들지 않을 정도로 그늘이 짙다. 빽빽한 송림 사이로 미로처럼 연결되는 계곡길은 영화 속의 한 장면처럼 신비감을 준다.

부엉골을 통해 남산 정상으로 오르는 길은 계곡을 따라 등산해 볼 것을 추천한다. 계곡의 바닥에는 기이한 암석이 돌출되어 있어 한번 가본 사람은 또 가보고 싶게 한다. 여름철이나 가을에는 뱀과 멧돼지 등이 나올 위험이 있어 계곡을 따라 오르는 것은 이른 봄과 겨울을 추천한다.

부엉골로 오르다보면 계곡 가운데 비파를 닮은 큰 바위가 있다. 어떻게 보면 배 같기도 하다. 물길이 양쪽으로 갈라져 큰 비가 내린 후의 산행에서는 배가 떠가는 것과 같은 신기한 장면을 볼 수 있다. 물이 줄어들었을 때는 배가 좌초되어 기울어진 형상이다.

부엉골을 따라 걷다보면 언제 지어졌는지 모를 부흥사라는 사찰이 있다. 오래된 석재들이 있는 걸 보면 분명 신라시대에 사찰이 있었던 터라는 것을 짐작하게 한다. 부흥사에서 남산 정상을 바라보면 바로 지척에 늠비봉 오층석탑이 보인다. 가끔 보름달이 뜨는 시각에는 석탑 어깨 위로 허연 송편이 둥글게 걸리는 장관을 볼 수도 있다.

부엉골 얼음

산과 하나가 된 돌부처와 절터의 흔적, 왕릉, 산을 기단으로 세워진 석탑, 재미있는 전설이 발길 닿는 곳마다 이어지는 경주 남산은 최고의 힐링센터라 할 수 있다.

자라바위

 남산의 열반재와 천룡사

천룡사지 삼층석탑

GYEONGJU HEALING ROAD

경주 남산이 유명한 것은 이름난 역사문화유적과 아름다운 절경을 함께 볼 수 있다는 것이다. 거기에 사방팔방 어느 곳에서나 오르내리기 쉽다는 것이 한몫을 한다. 남산 등산로를 어떤 이들은 70여 코스로 분류하기도 한다. 어디에서 오르든 신라유적들을 만날 수 있으며 경치 또한 수려하다.

남산을 대표하는 봉우리는 단연 금오봉과 고위봉이다. 최고 높은 곳이 고위봉이다. 고도는 494m에 불과하지만 정상에 올라서면 신라천년 고도인 경주를 한 눈에 볼 수 있다. 고위봉에 오르는 길은 많지만 틈수골에서 시작해 천룡사를 거쳐 오르거나, 용장골에서 관음사를 거쳐 열반재로 오르는 코스를 소개한다.

열반재는 신라시대 재상의 딸이 열반에 든 사연이 옛 문헌을 통해 전해내려 오고 있다. 그 내용은 요즘 시대에도 귀감이 될 만하다. 또 천룡사에도 신비로운 전설이 있어 문화재와 함께 두 가지의 전설을 힐링테마로 소개한다.

국립공원의 사적

고위봉에서 바라보는 천룡사지

■ 천룡사 가는 길

고위봉에 오르는 길은 사방으로 열려 있다. 여기서는 용장골을 통해 관음사를 지나 열반재로 오르는 길과 틈수골에서 천룡사지 삼층석탑을 감상하고 오르는 길을 소개한다.

▶ 용장골에서 시작해 관음사, 열반재를 지나 고위봉으로 오르는 길이 가장 짧은 코스일 것 같다. 용장1리 넓은 주차장에는 미니레스토랑이 있어 다양한 한방차와 허브차로 여행의 멋과 여유를 더해준다. 용장골은 남산에서 가장 긴 계곡이다. 마을에서 계곡으로 이어지는 길을 따라 걷다가 마을이 끝나는 지점에서 계곡을 건너는 길이 나온다. 용장곡으로 이어지는 길이다. 이 길을 외면하고 곧장 앞으로 가야 된다. 5분 정도 오르막을 걸으면 또 왼쪽으로 계곡을 건너는 길이 나온다. 남산에서 가장 험난하면서도 스릴을 만끽할 수 있는 이무기 능선으로 가는 길이다. 이 길 또한 포기하고 앞으로 바로 걸어야 열반재로 갈 수 있다.

 열반재로 가는 길은 비교적 편안하게 걸을 수 있는 좁은 포장길이다. 왼편에 계곡을 끼고 이어지는 길이라 폭우라도 내린 다음의 경치는 장관이다. 봄이면 야생화들이 각기 다른 전설을 품은 바위들과 어우러져 방문객들을 반긴다. 생동감 넘치는 풍경에 에너지가 충만하게 된다.

 관음사에 이르면 고위봉의 맛을 제대로 느끼게 된다. 가파르게 오르막이 시작되면서 바위들이 숲을 이루고 있다. 겨울에도 푸른 이끼가 끼어 있고 여름이면 바위들도 다래나무와 덩굴에 얽히고설켜 푸른 동산이 된다. 금방 무너져 내릴 것 같은 바위들이 뱀, 고양이, 개, 사자, 용의 모습으로 전설을 웅변한다.

큰곰 바위와 대웅전

열반재에서 시원한 바람 한 모금 들이키고 다시 가파른 언덕길을 오른다. 일단 열반재 능선에 오르면 고위봉까지 500m 남았다는 푯말에 자신감이 붙는다. 열반재에서 고갯길을 버리고 남쪽으로 계속 나아가면 천룡사지까지는 10분 거리이다.

▶ 용장 1리에서 울산쪽으로 가다보면 천룡사지 입구 표지판이 왼쪽 남산방향을 가리킨다. 틈수골 입구다. 천룡사지로 가는 계곡길을 따라가다보면 최근에 지어진 와룡사가 있어 마을이 끝나는 지점까지 차가 들어갈 수 있다.

마을 입구에서 천천히 걸어도 천룡사지까지는 1시간이면 넉넉하게 도착한다. 계곡 물소리를 들으며 틈수골로 오르는 길은 특히 가을이 좋다. 굴참나무가 많아 도토리들이 반짝이는 눈빛으로 지나는 이를 반긴다. 천룡사까지 가는 산길은 경사가 가팔라 천천히 호흡을 가다듬으며 올라야 한다. 천룡사지 오르는 계곡은 신기하게도 어떤 거대한 힘이 땅을 찢어놓은 것 같다. 일단 천룡사지에 다다르면 누구나 놀란다. 넓은 평지에 오래된 감나무가 있고, 무와 배추가 자라고 있다. 깊은 산속에 사람이 살았던 마을의 흔적이 있고 지금도 경작하는 농토가 있다는 것을 상상하고 온 사람은 없을 것이기 때문이다.

천룡사지에는 보물로 지정된 삼층석탑이 있다. 주변에 흩어진 석재들은 절이 있었다는 것을 짐작하게 한다. 최근 암자가 정비되면서 마당에 묻혀 있던 석조가 발굴되었다. 석탑을 기준으로 사방을 둘러보면 탑의 부재나 건축물의 기초 등등 다듬어진 석물들이 산재해 있다. 흩어져 있는 석물들을 보면 제대로 보존하지 못한 안타까움과 그 속에 깃든 이야기들이 궁금해진다

천룡사지에서 고위봉으로 오르는 길은 아주 가파른 경사길이다. 가을에는 낙엽이 쌓여 미끄럽다. 올라갈 때도 조심해야 하지만 하산하는 길은 더욱 그렇다. 고위봉 정상에서 천룡사 방향으로 내려오는 길 어디서든 발길을 멈추고 확 트인 사방을 둘러볼 일이다.

사적지 흔적

열반재 바위림

■ 재상의 딸

　신라의 한 대신에게 마음씨 곱고 외모 또한 출중한 무남독녀가 있었다. 대신과 가까이 지내는 관료들은 물론 뭇 남성들이 그녀에게 추파를 던지며 성가시게 했다. 마침내 그녀는 어지러운 속세를 떠나 부처님 세계로 가기로 마음먹고 아무도 모르게 어두운 밤 집을 나섰다. 부모의 사랑도, 화려한 의복도, 맛있는 음식까지 속세의 인연을 모두 끊고 그녀가 부처님의 세계를 찾아 온 곳이 남산 열반골이다.

　계곡 입구에 들어서면 보이는 평평한 바위가 갱의암이다. 그녀가 속세의 옷을 벗고 먹빛 옷으로 갈아입은 곳이다. 골짜기로 발걸음을 옮기는데 맹수들이 앞을 가로막는다. 처음 만난 짐승이 사나운 고양이처럼 생긴 묘암, 이어 코를 실룩거리며 나타나는 개바위, 여우바위, 심술이 묻어나는 산돼지바위, 산등성이를 올라서는 작은 곰바위, 뱀바위 등이 관음사까지 줄을 지어 있다.

　관음사 뒷산으로는 더 큰 짐승들이 있다. 맹호바위, 들소바위, 이무기바위, 독수리바위, 거북바위 그 아래 용이 기거한다는 용바위가 있다. 짐승들이 우글거리는 숲을 지나 경사가 완만한 지점에서 정상을 올려다보면 10m 정도 크기의 바위 위에 이상한 모양의 돌이 얹혀 있다. 똥바위다.

천룡사지 숲길

천룡사지 입구

처녀는 이미 속세의 모든 물욕에서 벗어나 생명의 위협에도 평화로운 마음이 되었다. 마음속이 푸른 하늘 같았다. 그때 서쪽 산등성이에서 지팡이를 짚고 할머니가 내려왔다. 할머니바위라 불리는데 그 할머니가 바로 깨우친 사람을 극락으로 안내하는 지장보살이다. "이제 아가씨는 진리를 깨우쳐 맑고 깨끗한 마음을 얻었으니 열반으로 안내하오리다. 이 바위를 타십시오"라며 지장보살은 구름바위에 처녀를 태우고 흔들흔들 산등성이를 넘어 천룡사 부처님 세계로 안내했다. 이리하여 처녀는 열반에 들었고 길게 이어지는 고갯길을 열반재라 부른다.

■ 천룡사

천룡사지에 묻혀있는 석조▶

천룡사지 귀부▲

천룡사 가는 계곡▶

틈수골 계곡을 따라 와룡사로 접어들면 고위봉 정상으로 이어지는 능선이 산길을 만든다. 와룡사 뒤로는 땅이 찢어져 입을 쩍 벌린 형상의 천룡골이 계곡을 형성하고 계곡 옆으로 천룡사로 향하는 가파른 고갯길을 내놓는다. 천룡사는 고위봉을 뒤에 두고 산 중턱에 60만여m^2 평평한 부지 가운데 자리하고 있다. 삼국유사에도 고위산 남쪽에 고사 천룡사라는 사찰이 있었다고 기록하고 있다.

보물 1133호로 지정된 삼층석탑이 복원돼 있고 주변에는 석등대좌로 사용되었던 것으로 짐작되는 귀부와 대규모 석조, 기초석 등의 많은 석재들이 흩어져 있어 당시 큰 사찰이 있었을 거란 추측을 하게 한다. 삼국유사에는 중국에서 온 사신 악붕구가 "천룡사를 파괴하면 신라는 곧 망하게 될 것이다"라고 말했다고 기록하고 있다. 또 통일신라 말에 폐허가 된 것을 고려 초에 최승로의 손자 최제안이 중건했다고 설명하고 있다.

　1996년 국립경주문화재연구소가 천룡사터를 발굴하면서 천룡사는 통일신라시대에 건축돼 고려시대에 다시 중건된 것으로 전해진다. 신동국여지승람의 기록에 의하면 조선시대에도 천룡사가 그 맥을 이었던 것으로 나타난다. 발굴에서 조선시대 후기의 평기와조각들이 발견되면서 입증되었다.

고위봉 정상

용장곡 바위솔

최제안의 조부인 최승로의 탄생에 대해 삼국유사 기록이 있다. 최제안의 증조부인 최은함은 신라 경애왕 때 사람으로 자식이 없어 중생사 관음보살 앞에서 기도해 부인이 아이를 낳았다. 그러나 아이를 낳은 지 3개월 만에 후백제 견훤이 쳐들어왔다. 최은함은 칼을 들고 전쟁에 나가면서 중생사 관음보살 앞에 포대기에 싼 아기를 내려두고 전쟁터로 갔다. 보름이 지나 적군이 물러가고 은함이 중생사로 달려와 아기 이름을 부르니 아기는 관음전에서 잠을 자고 있었다. 아기의 살결은 금방 목욕한 듯 정결하고 입에서 젖 냄새가 났다. 이 아기가 바로 고려조에 정광 벼슬을 지낸 최승로다. 최제안의 아버지는 최숙으로 낭중 벼슬을 지냈다. 최제안은 부처님과의 깊은 인연으로 1040년 고려국의 번영과 왕실의 번성을 위해 조상의 터전인 경주 고위산 아래 파괴된 절터에 큰 절을 세웠다. 그 절이 천룡사라 전한다.

틈수골 대나무

용장곡 입구

경주 남산 고위산을 오르는 길은 틈수골에서 천룡사를 거치는 길이나 용장골 입구에서 관음사, 열반재를 통해 오르는 길 모두 아름다운 풍경과 전설을 담고 있다. 우리의 역사가 살아 숨 쉬는 감동이 있는 역사문화유적으로 힐링할 수 있는 멋진 길이다.

남산리 쌍탑

 ## 남산의 국보 탐방

  경주 남산에는 국보와 보물, 사적지, 지방유형문화재, 지방기념물 등의 지정 문화재 51점이 있다. 석등과 탑 등의 비지정문화재를 포함하면 700여점의 유물들이 산재해 있다. 이중 국보는 유일하게 1점이 있다. 제312호로 지정된 칠불암 마애불상군이다. 칠불암으로 가는 길은 통일전에서 서출지를 지나 남산리 삼층석탑, 염불사지를 지나 산길을 오르는 길이 가장 편하게 접근할 수 있는 코스다. 칠불암에서 300여m 오르면 보물 신선암 마애보살반가상도 만날 수 있다.

  통일전에서 칠불암까지는 약 4㎞ 거리로 아주 천천히 걸으면 2시간, 왕복 4시간 거리다. 절반 가까이 마을안길 평탄한 길로 이어지는 문화재 답사길이다. 계절별로 다양한 화초와 예술활동을 하고 있는 예술인들의 삶도 엿볼 수 있다. 또한 전통 한정식과 오리요리, 칼국수 등의 다양한 음식점이 있다.

  칠불암으로 가는 마을 남산리에는 최근 찻집을 겸한 카페들이 생겨나고, 펜션도 들어서면서 가족단위로 휴식할 수 있는 공간들이 늘어나고 있다. 서출지와 염불사지 등의 문화답사코스에는 삼국유사 등에서 소개하는 재미있는 전설이 있어 힐링하기 좋은 코스다.

■ 서출지

칠불암을 향해 산행을 시작하는 첫 걸음에 만나는 역사문화유적이 서출지다. 통일전 주차장에 접해 있는 서출지는 마을 입구에 있는 아담한 연못이다. 백일홍이 여름 내내 붉게 타오르는 못둑은 연인들의 산책로다. 연못 안에는 연꽃들이 유역면적 4분의 3을 차지하고 있어 물보다 꽃이 많다. 연못 안쪽으로 성큼 들어가 있는 정자는 주변 풍경을 한층 운치있게 해 포토존으로 인기다.

서출지라는 이름은 삼국유사에 기록된 전설을 배경으로 지어졌다. 신라 21대 소지왕은 고구려 장수왕의 침략에 대비해 백제와 결혼동맹을 맺고 국방을 튼튼히 하는 한편 백성들의 어려움을 헤아리려 애썼던 어진 군주로 평가되고 있다. 소지왕이 재위 12년 되던 해에 남산 기슭의 정자 천천정(天泉亭)으로 가는데 까마귀와 쥐가 계속 울어 이상하게 생각했다. 그런데 쥐가 다가와 사람처럼 말했다. "이 까마귀를 따라 가세요." 소지왕은 신하를 시켜 까마귀를 따라가게 했는데 길에서 돼지가 싸우는 것을 보다가 그만 까마귀를 놓쳐버렸다. 당황해 오르락내리락 하고 있는데 연못에서 노인이 나타나 신하에게 봉투를 건네주었다. 봉투에는 '열면 두 사람이 죽고, 열지 않으면 한 사람이 죽는다'고 적혀 있었다. 임금은 한 사람이 죽는 게 낫다며 열지 말라고 명하였다. 그러나 신하들이 나서 "그 두 사람은 평민이요, 한 사람은 대왕을 일컫는 것이옵니다"라며 한사코 편지를 열어보기를 권했다. 소지왕은 일리가 있다 생각하고 봉투를 열어보게 했다. 봉투 안의 편지에는 '거문고갑을 쏘라'고 적혀 있었다. 소지왕은 궁으로 돌아와 거문고갑을 쏘았다.

◀ 서출지 이요당 야경

거문고갑 안에는 궁에서 왕실의 복을 빌던 중이 죽어 있었다. 중이 왕비와 짜고 소지왕을 해치려 했던 것이다. 왕비도 곧 사형됐다. 편지글처럼 두 사람이 죽고 왕이 살았다. 이후부터 나라에서 정월 보름날 까마귀를 위한 제를 올리는 풍습이 이어지고 있다. 연못에서 편지가 나왔다 하여 '서출지'라 한다.

지금은 서출지의 위치를 두고 설이 분분하지만 정자와 연꽃, 백일홍 등의 경치가 아름다운 이 연못을 서출지라 부르고 있다.

■ 염불사지와 양피사지

▼염불사지 쌍탑

남산리 쌍탑▲

서출지에서 또 평지길을 남쪽으로 걷다보면 낮은 한옥들이 어깨동무를 하고 서 있다. 골목마다 주택지와 식당, 토기를 구워내는 공방, 간단한 음료 등을 판매하는 상점, 펜션 등이 있다. 주택가 사이로 삼층석탑 2기가 동서로 서서 방문객을 맞는다.

첫 번째 쌍탑이 있는 곳이 양피사지다. 남산리 삼층석탑으로 불리는데 보물 제124호로 지정된 문화재다. 서탑은 목탑을 본떠 세운 전형적인 신라석탑의 모형이다. 서탑의 몸돌에는 정교한 조각기법으로 팔부신중상이 사면으로 돌아가며 돋을새김 되어 있다. 동탑에는 팔부신중상은 나타나지 않고 벽돌모양의 큰 돌 4개를 2단으로 쌓아 전탑의 형식을 취하고 있다.

남산쪽으로 치우쳐 있는 염불사지의 쌍탑은 몸돌에도 문양이 없는 밋밋한 삼층석탑 형식을 띠고 있다. 신라시대 남산 동쪽에 피리라는 마을이 있었다. 마을 이름을 따 피리사로 불리는 절이다. 이 절에는 어디에서 왔는지 이름도 알 수 없는 스님이 한 분 있었다. 스님은 정해진 시간에 하루 몇 번씩 염불을 외웠다. 염불소리는 서라벌 17만8천936호에 들리지 않는 곳이 없었다고 전한다. 염불소리를 들으면 화난 사람은 화가 풀리고, 초조한 사람도 마음이 편안해지고, 근심걱정이 사라졌다고 한다. 그 스님이 입적하자 마을 사람들은 슬퍼하면서 염불사로 절이름을 고쳐 불렀다. 염불사지 쌍탑은 이거사지 탑재를 옮겨와 보충한 부분이 많다. 아직도 염불사지 쌍탑 남쪽에는 이거사지 석탑의 부재들이 많이 쌓여 있다.

이러한 전설은 삼국유사에 기록되어 있다. '염불소리가 17만8천936호에 들리지 않는 곳이 없다'는 기록에서 당시 서라벌의 인구가 100만이 넘었을 것으로 유추한다. 호당 가족 6명씩만 계산해도 100만 명이 넘는다. 호라는 단위가 방이라는 설과 숫자가 잘못 기록되었을 것이라는 설도 있지만 신라시대 서라벌은 100만 명이 넘는 사람이 살았고 서역과 교역하던 큰 도시였다고 주장하는 학자들도 많다.

염불사지에 있는 이거사지 석탑부재

칠불암 입구 신우대 길▶▶

■ 국보 칠불암

　염불사지를 지나 개울을 넘어서면 본격적인 산길이 시작된다. 이 길은 비교적 평평해 산행하기에 좋다. 길이 계곡과 연접해 이어지고 소나무 숲이 그늘을 만들어 여름철에도 시원하다.

　염불사지에서 칠불암으로 가는 길에는 남산 정상에서 내리뻗은 계곡이 여러 개 있다. 쑥두듬골, 승소골, 천동골, 봉화골 등이 있는데 모두 전설과 석탑 등이 남아 있다. 남산이 불교유적지면서 불교 순례지로 답사하는 코스가 되는 이유이기도 하다.

　삼존불과 큰 바위 사면에 돋을새김된 4구의 부처를 포함해 7구의 부처가 바위에 새겨져 있다 하여 칠불암으로 불린다. 칠불암 바로 옆에는 비구승들이 공부하는 암자가 있다. 비구승들은 산행하는 사람들이 마루에 걸터앉거나 대웅전으로 들어가 커피를 마시며 쉬어가는 쉼터로 이 암자를 개방하고 있다.

　칠불암을 코앞에 두고는 가파른 오르막이 시작된다. 가파른 길에 계단을 만들어 오르기 쉽게 해놓았다. 계단을 절반쯤 오르면 왼쪽에 맑은 샘물이 있다. 먹을 수 있는 깨끗한 물이 솟는 샘이다. 샘물로 목을 축이고 다시 칠불암으로 오르는 길은 양쪽에서 우거진 신우대가 아치를 만들어 마치 개선장군이 되는 기분이 든다.

국립공원의 사적

동북쪽에서 보는 칠불암

300여 돌계단을 올라서면 웅장한 바위에 새겨진 불상이 눈에 확 들어온다. 청수한 부처의 얼굴을 보면 힘들게 올라왔던 몸과 마음이 시원하게 해소된다.

국보 칠불암

 높이 10m의 병풍 같은 바위에 불상처럼 입체적으로 두텁게 삼존불을 새겼다. 본존여래불은 두 겹의 연꽃대좌에 앉은 당당한 풍채로 조각수법이 뛰어나 그 예술성은 현대미술계에서도 흉내내기 어려울 정도다. 특히 1천년이 넘는 세월을 비바람을 맞고 있지만 본존불의 코 끝이 살짝 훼손된 것 외에는 모두 온전하게 보존되어 국보 제312호로 지정되었다.
 양쪽의 협시보살들도 두텁게 양각되어 있다. 오른쪽 협시보살은 오른손에 정병을 들고 늘어뜨리고, 왼손은 가슴 높이까지 들고 있는 자세다. 왼쪽 협시보살은 오른손에 보상연꽃을 들고 있고, 왼손은 길게 늘어뜨리며 옷자락을 잡고 있다. 옷의 맵시나 신체의 비례 등이 잘 드러나 있어 신라불교미술사를 연구하기에도 좋은 보기가 된다.
 본존불 앞에 네모난 바위가 우뚝 서 있는데 바위 사방에 부처를 새겨 사방사불로 표현했다. 동쪽에는 왼손에 약그릇을 들고 앉아 있는 약사여래를 양각으로 새겼고, 서쪽에는 상반신을 돋을새김하고 다리부분은 특이하게 선각으로 아미타여래상을 새겨 배치했다.

남쪽을 바라보는 곳에는 연꽃 위에 결가부좌로 앉아 설법인을 하고 있는 환희국의 보생여래불을 새겼다. 북쪽 바위면에는 이중으로 핀 연꽃대좌 위에 결가부좌하고 있는 설법인상을 새겼다. 칠불암에는 일반 등산객은 물론 문화재탐방객을 비롯해 불교순례자들의 발걸음이 끊이질 않는다.

■ 신선암

　신선암은 칠불암에서도 300여m 가파른 벼랑길을 올라야 된다. 칠불암 부처 뒤를 돌아 한 사람이 겨우 지날 수 있는 좁게 난 산길이다. 바위로 형성된 암벽 길이어서 위험하다. 그러나 수천 년이 지나는 동안 큰 사고가 없어 탐방객들은 부처님의 도량이기 때문이라 해석하기도 한다. 위험을 무릅쓰고 신선암에 이르면 감탄사가 저절로 나온다.
　까마득하게 높은 벼랑에 새겨진 불상의 아름다운 예술성에 놀란다. 이어 불상을 비껴 세속에서 보기 힘든 절경이 펼쳐지기 때문이다. 동이 틀 무렵 여명이 부처의 얼굴을 밝히는 모습은 사진작가들의 로망이 되기도 한다.

신선암 가는 길 기암

국립공원사무소는 신선암의 동북쪽으로 접근하는 길을 최근 차단했다. 낭떠러지로 이어지는 길이 너무 위험하기 때문이다. 여름철이면 가끔 운무가 자욱하게 일어나 구름 속에 붕 떠있는 현상을 목격하기도 한다. 세상과 동떨어져 하늘 가운데 서 있는 절경이 연출되는 것이다.

신선암 마애보살반가상

신선암의 불상은 특이한 자세와 아름다운 조각수법이 놀랍다. 얼굴의 살결은 보드랍고 표정이 풍성하며 눈썹은 하현달의 곡선을 그리고 있다. 알맞게 솟은 코와 도톰한 입술 등의 얼굴이 조화롭게 새겨졌다. 팔찌를 하고 두 손을 치켜든 모습과 유려한 선으로 얇게 늘어진 옷자락은 보는 이를 매료시킨다. 또 왼발은 접고, 오른발은 아래로 늘어뜨려 걸터앉은 반가상을 하고 있어 안정감을 준다. 신선암 마애보살반가상은 보물 제 199호로 지정 관리되고 있다. 전설따라 역사문화자원을 찾아보는 재미있는 산행길, 칠불암과 신선암 가는 길을 최고의 힐링로드로 추천한다.

국립공원의 사적

용장사지 삼층석탑

 **남산 용장골의 보물**

　경주 남산 용장골은 전설과 금오신화를 낳은 지역으로 유명하다. 남산에서도 가장 계곡이 깊고, 길게 이어지면서 기암괴석이 절경을 연출해 방문객들의 발길이 이어지고 있다. 특히 이무기능선은 산세가 험하면서도 아름다운 경치로 전문 산악인들도 많이 찾는 곳이다.

　용장골은 김시습이 쓴 우리나라 최초의 한문소설로 알려지고 있는 금오신화가 탄생한 곳이면서 김시습이 은거해 이름이 붙은 은적골이 합류하는 계곡이기도 하다. 또 김시습의 법명을 따서 지은 설잠교를 지나 용장골 막바지에 이르는 능선에는 보물 3점이 무더기로 있어 남산을 찾는 이들의 시선을 끈다.

　용장곡에서 시작해 이무기능선으로 올라 고위봉 정상으로 가는 길은 3㎞ 남짓 거리가 된다. 고위봉에서 백운재를 넘어 칠불암 정상의 봉화대능선, 이영재, 연화대좌를 지나 금오봉으로 가는 길을 따라 걷다가 용장곡으로 내려오는 길은 9㎞를 걷는 장거리 코스다. 도중에 도시락이라도 먹고 조금씩 쉬는 시간을 계산하면 산행시간은 5시간 정도 소요된다. 용장골과 이무기능선 올라가는 길을 소개한다.

■ 용장골의 보물들

용장골은 문화탐방하기에는 비교적 긴 코스로 이어져 운동량이 많은 등산을 원하는 사람들이 선호한다. 또 사계절 특색 있는 풍경으로 언제라도 등산하기에 좋은 길이다. 겨울에 남산을 탐방하려면 용장골을 추천한다. 용장곡 입구에서부터 설잠교에 이르기 전까지 웅장한 규모를 자랑하는 화강암은 표면에 얼음이 얼어 눈이 부신다. 특히 은적골에서 흘러내리는 계곡물이 용장곡에 합류하는 삼각지점에는 폭포처럼 쏟아져 내리는 얼음병풍이 장관이다.

용장곡에서 출발하는 등산길은 여러 갈래로 갈라져 선택의 폭이 넓다. 열반재로 곧바로 올라가는 길, 길게 계곡으로 이어지는 용장사지로 가는 길, 은적골로 들어가는 길, 다시 이영재로 올라가는 길, 산정호수에서 백암재로 가는 길이 있다.

설잠교를 건너 용장사가 있었던 터에 이르면 세 개의 보물이 있다. 용장사지 삼층석탑과 석조여래좌상, 마애여래좌상이다. 이 보물들은 각기 특별한 조형미와 함께 예술적인 뛰어난 작품성으로도 눈길을 끌고 있지만 시대적인 배경 등으로도 학계의 관심을 자극하고 있는 문화유적이다.

용장사지 부도탑

용장사지 마애좌불

용장사지

용장곡과 은적골 합류지점

용장사지 삼층석탑은 보물 제186호로 석탑의 기단이 특이하다. 경주 남산을 구성하고 있는 천연바위를 탑의 기단으로 삼아 그 위에 석탑을 삼단으로 쌓아 올렸다. 남산 전체가 하나의 탑이 되는 것이다. 이 때문에 대부분의 문화해설사들이 "세계에서 가장 높은 석탑"이라고 우스개 삼아 소개한다. 석탑 앞에 서면 산 아래 펼쳐지는 시계에 탄성이 저절로 터져 나온다. 구름이 동남쪽으로 깔리는 날이면 석탑은 구름 위에 떠있는 모습으로 자연스럽게 극락세계가 된다. 이미 용장사지 삼층석탑을 주제로 촬영한 사진들이 많은 공모전에서 큰 상을 받은 바 있다.

국립공원의 사적

용장사지 삼륜대좌불

봉화대능선 근심바위

용장사지 석조여래좌상은 보물 제187호로 석탑보다 한 계단 아래 위치해 있다. 여래좌상은 머리 부분이 사라지고 없어 보는 이들을 안타깝게 한다. 삼륜대좌 위에 앉아 있는 불상으로도 특별하지만 가슴을 여미고 있는 매듭이 맵시있게 표현돼 이채롭다. 조각수법이 정교하고 예술적인 조형미도 뛰어나다. 대현스님이 예불을 드리며 여래좌상을 맴돌면 부처도 스님의 뒤를 따라 고개를 돌렸다는 전설이 삼국유사에 기록으로 전해 내려오는 불상이다.

용장곡을 오르면서 신우대숲을 자주 만나게 된다. 이것은 대부분이 절이 있었던 곳을 의미한다. 용장곡에만 18곳의 절터가 발견됐다. 김시습이 머물렀던 것으로 전해지는 용장사지에는 신우대가 숲을 이루고 있으면서 축대가 드러나 있고 넓은 금낭터도 그대로 남아 있다.

용장사지의 석탑과 불상 아래쪽으로는 절이 있었던 것으로 짐작되는 석재들이 군데군데 널려 있어 지나는 이들의 쉼터가 된다. 또 윗부분에는 기단석 위에 큼직한 네모기둥돌이 있는데 다듬어진 채로 발견돼 그 용도가 궁금하기도 하다. 경북관광공사 감사실장 강정근 문화재박사는 "우리나라에서 잘 발견되지 않는 형식의 부도탑 몸돌일 것"이라 분석했다. 일부 해설사들은 석탑의 부재라고 하지만 윗부분의 사리를 보관한 부도가 훼손된 부도탑이라는 것이 정설로 받아들여지고 있다.

■ 이무기능선

이무기능선은 경주 남산에서 가장 핫한 등산코스다. 경사가 심하면서 등산길 전체가 꿈틀거리며 하늘을 오르는 이무기의 몸을 닮아 이무기능선이라 부른다. 정상에서 내려다보거나 건너편 금오봉에서 굽어보아도 고위봉으로 거대한 이무기가 꾸물꾸물 기어오르는 형상이다.

이무기능선 바위등반

이무기능선 사랑바위

　이무기능선은 용장골에서 열반재 방향으로 오르다 천우사 입구에서 왼쪽으로 계곡을 건너 오르막길을 오르면 된다. 소나무숲을 지나면 가파른 암벽등반 길이 시작된다. 바위를 기어올라야 하는 경사가 심한 길이다. 지난해까지만 해도 곳곳에 늘어뜨려놓은 밧줄을 잡고 바위를 올라야 했다. 지금은 경주국립공원사무소가 데크를 설치하고 우회하는 길을 만들어 놓아 쉽고 안전하게 등산할 수 있다. 그러나 아직도 우회도로를 만들기 어려운 곳에는 밧줄을 타고 올라야 하는 코스가 남아있다. 초보 등산객들에게는 힘들게 느껴지기도 하지만 전문 등산객들에게는 재미있는 코스이기도 하다.

　이무기능선에는 특이한 모양의 돌이나 바위솔과 같은 척박한 환경에서 자연이 빚어내는 기형적인 아름다움을 만나게 된다. 바위틈에서 고고하게 생장하는 바위솔, 곰 모양의 곰바위, 몸에 '+' 모양이 새겨진 십자바위, 금방 굴러 떨어질 것 같은 바위 등이 제자리를 지키고 있다. 이무기능선의 막바지 오르막을 올라 평평한 길에 접어들면 아름드리 하트모양의 암수 사랑바위가 있다. 단단한 청석이 하트모양으로 길 가운데 엎드려 있다. 신기한 것은 하트바위를 안고 있는 또 다른 하트바위다. 아래 깔린 하트바위는 가운데부분이 갈라져 있다. 이 두 개의 하트바위는 길 아래 있었는데 누군가 최근 길 가운데로 옮겨 암수를 한 몸으로 만들어 두었다.

이무기능선의 정상은 남산의 최고봉 고위봉이다. 고위봉에서 백운재로 향하는 길 남쪽으로 깊은 낭떠러지를 형성하고 있는 바위는 쉼터로 인기다. 여기서 북쪽을 바라보면 긴 수형을 자랑하는 자연이 가꾼 멋진 바위솔이 있다.

■ 김시습과 금오신화

'용장골 골 깊으니/ 오는 사람 볼 수 없네/ 가는 비에 신우대는 여기저기 피어나고/ 비낀 바람은 들매화를 곱게 흔드네/ 작은 창가에 사슴 함께 잠들었어라/ 낡은 의자엔 먼지만 재처럼 앉았는데/ 깰 줄을 모르는구나 억새처마 밑에서/ 들에는 꽃들이 지고 또 피는데' 설잠 스님의 시다. 설잠은 매월당 김시습의 법명이다.

김시습은 1455년 단종이 세종의 손에 죽자 칩거하여 삼일 동안 통곡을 하다가 모든 세속의 뜻을 접었다. 읽던 책을 불살라버리고 승려가 되어 방랑생활을 시작했다. 김시습이 21세 때의 일이다. 그는 남산 용장골에 가장 오래 머물렀다. 용장사에서 쓴 책이 우리나라 최초 한문소설로 기록되고 있는 '금오신화'이다. 그가 머물렀던 용장사 터에서 '용장사'라는 글이 적힌 기와조각이 발견돼 이곳이 용장사의 절터라는 것으로 분명하게 밝혀졌다.

설잠교

김시습은 어릴 때부터 영특하기로 이름이 나 궁궐에까지 알려졌다. 그가 다섯살에 이미 대학까지 깨우쳐 신동이라 소문이 났던 것이다. 당시 세종대왕이 그를 불러 삼각산이라는 제목으로 글을 짓게 했는데 워낙 뛰어나고 뜻이 묘해 상을 주며 그 기지를 시험했다. 대왕이 "비단 50필을 주면 네가 모두 가지고 갈 수 있겠느냐?"고 웃으며 물었다. 김시습은 "예, 비단필의 끝을 제 몸에 매어주시면 가지고 갈 수 있습니다"라고 답했다. 신하들이 비단의 끝을 김시습의 허리에 매어주자 그는 곧바로 대궐 밖으로 걸어나갔다. 비단이 술술 풀리면서 김시습에게 끌려 나가자 임금과 신하들이 그의 기지에 놀라며 크게 칭찬했다.

김시습은 용장사에서 금오신화를 집필했다. 그의 행적이 알려지자 은적골의 암자에 은거하기도 했다. 김시습의 일대기는 용장골에서 설잠교까지 길을 따라 가면서 삽화와 함께 입간판에 소개되어 있다. 이런 입간판은 용장곡과 남산의 특징, 생태계에 대해 안내하고 홍보하는 자료가 되어 자연학습장으로의 기능까지 더하고 있다.

국립공원의 사적

백운재 바위솔

봉화대 등산길의 나무뿌리

　용장곡 마을에서 용장사지 보물들이 있는 곳이나 이무기능선을 지나 고위봉까지의 거리는 각각 2.5㎞정도 가벼운 산행길이 된다. 탐방객들은 일정에 따라 3시간 내외의 적당한 탐방로로 즐길 수 있다. 용장사지나 고위봉에서 금오봉 또는 칠불암, 백운암, 천룡사지 등의 길을 선택해도 부담없이 산행할 수 있다. 경주 남산은 곳곳으로 길이 열려 있고, 많은 역사문화자원과 함께 아름다운 자연을 즐길 수 있는 천혜의 자연박물관이다. 어느 곳으로 가더라도 최고의 힐링코스로 자랑해도 좋은 곳임에 틀림없다.

걸어서 보는 남산

남산의 마왕
별천룡골과 열반골
도당산과 해목령
남산의 신라
동남산 둘레길
서남산 둘레길

마왕바위

 **남산의 마왕**

  옥룡암에서 금오봉으로 오르는 중간쯤에 마왕의 일그러진 얼굴이 그대로 바위가 되었다. 일천바위와 마왕바위는 옥룡암이 있는 탑골에서 오르면 쉽게 만날 수 있지만 미륵골과 명막골, 통일전 가기 전의 천암골에서 금오봉으로 오르는 길에서도 찾을 수 있다.

  옥룡암은 사방에 부처와 탑, 수도승, 나한상이 새겨져 있는 보물로 지정된 부처바위와 함께 오래전부터 유명 문인들의 방문이 이어지면서 널리 알려지고 있다. 불교도들과 문인들이 즐겨 찾는 옥룡암과 탑곡 마애불상군을 둘러보고 길게 이어지는 등산로를 따라 일천바위와 마왕바위에 얽힌 전설을 만나보는 것도 힐링하는 즐거움이 될 것 같다.

■ 탑곡 마애불상군

  탑곡 마애불상군은 삼층석탑 옆에 높이 약 10m, 둘레 30여m에 이르는 큰바위 사방에 탑과 여래상, 보살상, 비천상, 나한상, 사자 등 40여개의 조각이 새겨진 보물 제201호로 지정된 바위다.

마애불상군 바위 북쪽에는 목탑 형식의 9층탑과 7층탑이 새겨져 있는데 황룡사지 9층목탑도 이 목탑과 비슷한 형식을 갖추고 있을 것으로 학자들은 추정하고 있다. 목탑 사이에 본존불이 새겨져 있고, 보관이 부처에게 그늘을 짓듯 크게 그려져 있다.

동쪽면에는 여래상과 비천상 여러 기가 새겨져 있어 찬찬히 살펴보아야 제대로 볼 수 있다. 아래쪽에는 수도승의 모습도 보인다. 남쪽으로는 언덕이 높아 축대를 쌓고, 남단에 삼층석탑을 세웠다. 석탑은 신라말기의 전형적인 형식을 띠고 있는 수수하게 잘 생긴 늠름한 남자의 모습이다.

남쪽은 바위가 평퍼짐하게 넓은 면과 깎아 세운 듯한 면이 있다. 삼존불이 깎은 면에 투박한 조각솜씨로 새겨져 있고, 서쪽으로 갈라진 바위면에는 스님상이 새겨져 있다. 그 앞에는 여래입상이 서 있는데 발이 있는 바위와는 분리돼 따로 새겨 돌기둥처럼 세웠다. 넓게 엎드린 바위에도 수도승의 상이 있고, 불상을 올려두었을 것 같은 네모나게 홈이 파인 흔적이 있다.

서쪽면은 좁은 바위에 부처 1구와 비천상 하나가 새겨져 있다. 소박하게 새겨진 부처 머리 위로 비천상이 피리를 불며 날아가는 형태다. 부처바위 아래에는 옥룡암으로 불리는 암자가 있어 찾는 발걸음이 끊이지 않는다.

마애불상군 동북쪽▶

◀남산 팔각정 터

'어느 가을 날, / 수많은 마애불에 취했던 시인들이 / 천년의 산문에 들었다. / 대웅전, 나한전, 산신각을 돌아 / 소리에 끌려 관음전 난간에 앉았다. / 부처의 번득이는 눈길에 주눅 들어 있다가 / 비로소 인간이 된 듯, / 육두문자 음담패

설을 쏟아내며/ 스님께 올릴 은행알도 몰래 거두고/ 담배 연기로 나한들의 코를 벌름대게 했다./ 그렇구나, 무장무애 그 일탈의 자유가 곧 해탈/ 그것이 바로 저마다 살아있는 부처인 것을/ 노을 깔리는 산사의 뜰에/ 부처님 목소리 영글어 열매로 떨어진다./ 노랗게 물든 은행잎으로/ 관음전 마당에 범어가 펼쳐진다./ 어쩌면 눈 먼 시인들 눈에/ 가을 날 맑게 씻긴 시어들이 보인다./ 관음(觀音)은 관음(觀淫)이고, / 시(詩)는 불(佛), 불(佛)은 시(詩)라는 듯.'

한국문인협회 부이사장을 지낸 김종섭 시인이 몇 해 전에 문인들과 남산 옥룡암에 올랐다가 저절로 시심이 동해 읊은 '시(詩), 관음전에 들다'라는 시다.

옥룡암

탑곡은 경주 남산 동편에 있는 비교적 길게 이어진 산자락의 입구에 위치한 계곡이다. 마을 끝과 산의 경계쯤에 옥룡암이라는 암자와 탑이 있다. 옥룡암은 김종섭 원로시인 일행이 들러 시를 읊었던 것처럼 많은 문인들이 찾는 곳으로도 알려져 있다. 특히 일제강점기 저항시인으로 유명한 이육사가 은거하면서 경주가 고향인 목월 시인과 주고받은 편지가 공개되어 옥룡암은 문인들에게 의미깊은 사찰로 회자되고 있다. 이후 육사는 옥룡암에 머물다가 구룡포 쪽으로 거처를 옮겼다.

마애불상군 남쪽면

■ 일천바위와 마왕바위

옥룡암에서 계곡을 따라 오르는 길은 키낮은 소나무들이 숲을 이루고 완만한 경사의 편안한 등산길이다. 옥룡암에서 남쪽의 산등성이로 좁게 난 샛길이 처음에는 다소 가파르게 시작된다. 5분여 오르면 바로 초가집만한 바위가 앞을 막아선다. 주변은 잔디밭처럼 평평하게 되어 있고 바위 위에는 나무들이 자라고 있어 마치 섬 같다. 그래서 섬바위로 불린다.

햄버거바위

줄바위

옥룡암에서 일천바위와 금오정을 지나 금오봉까지 산길은 4㎞남짓 되는 완만한 경사길로 걷기에 편하다. 일천바위까지가 옥룡암에서 2㎞정도 거리로 남산 정상까지 가는데 절반쯤 되는 거리다. 금오봉까지 가는 길에는 많은 바위들이 다양한 모습으로 나타나 눈을 즐겁게 한다. 버섯바위, 줄바위, 햄버거바위, 장군바위, 그리고 일천바위를 지나면 산책길 옆으로 길게 드러누운 용바위도 있다. 일천바위 오르는 길 양쪽으로는 진달래 군락이 있어 봄철에는 무릉도원이 된다.

　일천바위는 높이 10m 이상 되는 큰 바위들이 서로 짜여 기묘한 형상을 하고 있는데 마왕바위와 함께 마을사람들에게 구술로 전해 내려오는 전설이 있다. 남산 자락 양지마을에 일천여명의 주민들이 평화롭게 살고 있었다. 시샘이 많은 마귀들이 양지마을로 쳐들어왔다. 주민들은 남산 꼭대기 바위에 올라 하늘에 기도했다. 그러자 갑자기 사방이 캄캄해지고 먹구름이 몰려오더니 소낙비가 쏟아지기 시작했다. 마을이 온통 물바다가 되었다. 일천명의 주민들이 피해있는 바위만 남기고 모두 물에 잠겼다. 마귀들은 폭우에 떠내려가거나 물에 빠져 죽었다.

섬바위

장군바위

▲바위솔▲

일천명의 목숨을 구한 바위라 하여 '일천바위'로 불리는 바위가 동남산 중턱에 있다. 일천바위 틈에는 얼굴이 일그러진 마왕이 살고 있다. 홍수에 떠내려가지 않으려 발버둥 치다 바위틈에 얼굴이 끼어버린 '마왕바위'는 마치 형벌을 받고 있는 듯 지금도 험상궂은 얼굴로 바위 틈에 대롱대롱 매달려 있다.

마왕의 얼굴을 피해 일천바위에 올라서면 사방에서 불어오는 바람이 여과 없이 폐부 깊숙하게 침투하여 가슴이 뻥 뚫린다. 시야에 들어오는 전망은 동서남북을 모두 조망할 수 있다. 남산이 가진 특징 중 하나가 정상이 아니어도 시야가 넓게 확보된다는 것이다. 일천바위 남쪽으로는 울산으로 이어지는 7번 국도가 벌지지 넓은 들을 달린다. 동쪽으로는 멀리 토함산이 동해까지 발을 뻗어 있고, 북쪽으로는 높고 낮은 아파트와 상가들이 빽빽하게 둘러앉아 경주 시가지를 형성하고 있다. 고개를 돌리면 김유신 장군묘와 무열왕릉으로 이어지는 고분들이 마치 신라 역사를 파노라마처럼 펼쳐지는 듯 보인다.

일천바위의 윗면은 10여명의 장정이라도 편안하게 둘러앉을 수 있는 넓이지만 아래가 까마득한 절벽이어서 오금이 저린다. 간담이 약한 사람은 일어서서 기념사진도 잘 못찍는다. 일천바위는 10m가 넘는 여러개의 바위가 짜여져 있다. 주위를 둘러보면 바위틈을 비집고 나온 소나무와 작은 단풍나무, 진달래가 기를 쓰고 꽃잎을 틔우는 모습은 신비롭다. 북쪽 아래에서 위로 보는 일천바위는 늙은 장군을 연상케 한다. 바위의 표면이 모두 갑옷의 조각들을 모자이크 한 듯 비늘처럼 갈라져 있다. 가까이에서 자세하게 보아도 표면이 바위 같지가 않다. 또 일천바위 바로 아래에도 장군의 투구 모양으로 엎드려 일천바위를 호위하듯 하는 닮은 모습의 바위가 있다.

알천바위 전경

용바위

◀일천바위

■ 남산관광일주도로

 옥룡암에서 금오봉을 향해 토끼길 같은 등산로를 따라 오르다보면 마왕바위를 지나 금오봉 1㎞ 정도를 남겨두고 넓은 도로를 만나게 된다. 고 박정희 대통령 당시 공사가 진행되었던 남산일주관광도로다. 남산일주도로는 동남산의 통일전에서 금오봉 바로 아래까지 치고 올라와 서남산 포석정으로 이어지는 남산을 동서로 횡단하는 도로다.

상사바위

차를 타고 남산일주도로를 이용하면 빠르고 편하게 남산을 볼 수 있다. 그러나 경주국립공원사무소는 문화재 보호를 위해서 진출입구에서부터 차량의 통행을 제한하고 있다. 남산은 오롯이 걸어서 온 몸으로 느끼는 것이 좋다.

　마왕바위를 지나 일주도로를 만나는 지점에서 조금 더 오르면 통일전에서 올라오는 길과 만나게 된다. 다시 400여m만 진행하면 서쪽 언덕으로 넓은 바위터에 정자가 있는데 그곳이 '금오정'이다. 금오정에서 내려다보는 전망은 묵은 체증을 내려가게 한다. 크고 작은 바위가 소나무, 진달래와 어울린 경치는 단아하게 꾸며진 정원을 연상케 한다.

　금오정에서 다시 정상으로 오르다보면 왼쪽으로 지바위곡으로 내려가는 길이 있고, 일주도로준공 기념비가 있다. 기념비에서 조금 더 내려가면 평퍼짐하게 넓은 터에 도로공사를 하면서 세운 팔각정이 태풍으로 훼손되고 기초석만 남아 있다. 팔각정 터에서 조망하는 경치는 보는 이들을 감탄케 한다. 경주남산연구소가 운영하던 달빛기행의 중요한 코스로 휘영청 달밝은 밤에 산속에 울려퍼지는 시 낭송과 대금 연주는 하기도 했다.

　경주 남산은 어디에서 오르든 발길 닿는 곳이 모두 절경이고 문화재가 넘쳐나면서 신비스런 전설과 설화가 있어 힐링하기에 제격이다.

남산관광일주도로 기념비▶

백운재 전경

 남산의 열반골과 별천룡골

춘래불사춘(春來不似春)이라 입춘은 벌써 지나고 우수를 넘어섰지만 경주 남산 계곡에는 아직 얼음이 겨울을 붙잡고 있다. 그러나 경칩을 앞두고 얼음 밑으로 흐르는 물소리가 제법 부산스럽다.

경주 남산의 남쪽 끝에서 고위봉으로 이어지는 새갓골, 백암골, 침수골, 열반골, 별천룡골에는 남산 어디에서나 볼 수 있는 바위들이 계곡을 이루어 절경이다. 침식곡과 열반골의 석조 불상들, 고위봉으로 이어지는 백운재의 봉화대, 별천룡골에 흩어져 있는 석탑 옥개석과 다양한 석재들은 보는 이의 상상력을 자극한다.

과거 남남산을 찾는 발길은 비교적 한산했다. 그러나 2006년 열반골에 엎드린 불상이 발견되자 전국적인 주목을 받으면서 찾는 발길이 늘어나고 있다. 경주시와 경주국립공원사무소는 주차장을 설치하고 진입로 포장 등의 인프라를 꾸준히 개선하고 있다.

경주 남산의 최고봉 고위산에서 동남쪽으로 물길을 내어 기기묘묘한 바위와 어우러져 선경을 이루고 있는 백운곡과 열반골, 별천룡골로 힐링의 길을 떠나 본다.

■ 별천룡골

　별천룡골은 남남산의 뿌리다. 동쪽 통일전으로 이어지는 계곡을 따라 개설된 임도 중간쯤에서 남산 고위봉을 향해 오르는 계곡의 하나다. 옛날 다섯 가구가 모여 사는 마을이라 하여 이름 붙여진 내남면 오가리는 어쩌면 경주에서도 가장 오지마을일지도 모른다. 이 마을 사람들은 남산에 등을 기대고 살고 있다. 이조리에서 오가리로 들어오는 길을 따라 산이 깊어지는 곳에서부터 새갓골, 백암골, 침식곡, 열반골을 지나 더 깊게 들어가는 계곡이 별천룡골이다. 별천룡골은 고위봉에서 동남쪽이다. 천룡사가 있는 천룡골과는 또 다른 용이 승천하는 계곡이라 하여 별천룡골이라 이름이 붙여진 듯하다.

　별천룡골을 따라 봉우리로 연결된 산길을 올라 평평한 논배미에 다다르면 버드나무가 우거진 휴경지와 신우대가 스적이는 대숲이 있다. 계곡에서 10여 분 산허리로 파고들면 넓은 터에 다듬어진 돌들이 층계를 이루며 쌓인 곳이 있다. 절터다. 자세히 살펴보면 탑신이었거나 주춧돌, 기와조각 등 건축의 구조물들이 정 맞은 상처를 가지고 있다. 행정기관이 흩어진 석재들을 모아서 절이 있었던 곳이라는 안내간판을 세웠지만 주변에는 여전히 석재들이 많이 흩어져 있다. 석탑 하나 정도는 복원하고도 남을 석재들이 방치되어 있어 보는 이를 안타깝게 한다.

　별천룡골에서 고위봉으로 오르는 길은 계곡을 따라 걷는 것이 가장 쉬운 길이지만 입구에서 조금만 올라가도 경사가 가파르다. 잡목들이 우거지고 칡넝쿨과 다래나무 줄기들이 얽혀있어 늦은 봄부터 여름에는 접근할 엄두를 못낸다. 낙엽이 지고 나뭇가지 사이로 하늘이 보이면 몸이 겨우 빠져나갈 정도의 길이 열린다. 잎들이 무성하기 전에 계곡으로 들어서면 짐승들의 흔적을 쉽게 발견할 수 있다. 멧돼지가 진흙목욕을 하고 등을 문질러 껍질이 벗겨진 나무들도 더러 보인다. 혼자 산행하기에는 위험한 곳이다.

별천룡골

석탑 부재들

별천룡골

별천룡골 계곡

걸어서 보는 남산

석탑옥개석

■ 엎드려서 드리는 기도

　열암곡 입구까지 길이 포장되어 있고, 주차장도 설치되어 있다. 주차장에는 화장실이 있고, 탐방안내도가 푸른 산 그림을 배경으로 한 폭의 산수화처럼 서 있다. 보물 제113호로 지정된 석불좌상과 열암곡 마애입불상을 만나러 가는 길은 불과 반시간 정도면 된다. 평범한 등산길이다. 채 땀이 나기도 전에 절이 있었던 곳을 암시하는 신우대숲이 나타나고, 산 정상을 향해 고개를 들면 높은 돌 축대 위에 단아하게 앉은 석불이 보인다. 석불이 발견된 경위를 설명하는 안내표지판 앞에 이르면 거인의 주먹을 연상시키는 주먹바위가 등산로 옆에 누워있다.

　햇빛을 받아 하얗게 눈부시는 석불좌상 오른쪽으로 검정색 비닐하우스가 둥근 지붕을 만들어 큰 바위를 포장하고 있다. 10여 년 전 바위 위에 엎드린 채 발견된 열암곡 마애입불상이다. 부처가 새겨진 거대한 바위가 엎어진 채로 천년의 세월을 건너온 것이다. 섬세한 조각은 훼손되지 않고 처음의 모습을 간직하고 있다. 부드러운 턱선과 미소를 머금은 입과 눈매, 다소곳이 가슴으로 모으고 있는 손까지 훌륭한 예술성을 자랑한다. 그대로 세우기만 한다면 국보급이라는 평이다.

　문화재청은 도무지 코끼리보다 큰 덩치의 불상을 손상없이 일으켜 세울 방법이 없어 우선 발견된 상태를 유지하면서 보호하기로 결정했다. 특별한 기술이

열암곡 부처

개발되기까지 불상은 그 상태로 엎드려 있어야 한다. 조상에게 드리는 큰 절일까? 신라 패망을 원통해 하는 일어날 수 없는 울분일까? 집채만한 바위를 짊어지고 얼굴을 바닥에 박고 있는 여래입상. 그 자비로운 모습을 온전히 바라볼 수 있는 날을 기다리는 발길이 이어지고 있다.

■ 봉화대

봉화대

열암곡 부처를 만나고부터 고위봉으로 오르는 길은 고행의 길이다. 가파르게 하늘로 치솟는 급경사가 숨이 막힌다. 다행스럽게 고난의 오르막길은 그리 길지 않다. 눈발이 날리는 날이어도 열암곡에서 봉화대로 이어지는 능선까지 오르면 땀이 난다. 힘겹게 오른 만큼 시원한 절경으로 보상을 받는다. 봉화대 주변으로 기암괴석과 동쪽으로 깎아지른 벼랑이 시선을 잡는다. 바위들이 병풍처럼 칠불암을 포근하게 감싸 안고 있다. 사방이 확 트인 전망은 과거에도 적들의 동태를 살피기에 충분했으리라. 무슨 소식을 어떻게 전했는지 축대는 허물어지고 돌담만 겨우 봉화대의 흔적을 보여주고 있다. 행정기관은 아직 봉화대에 대한 설명서 하나 세우지 않고 있다.

봄이면 일대는 장관이다. 진달래가 군락을 이뤄 바위숲과 함께 탐방객들에게 절경을 선물한다. 굳이 꽃이 아니어도 바위들이 등산로를 하나씩 내어주며 몸으로 보여주는 다양한 모습들은 그대로 예술작품이다. 사자로 해석할지 고양이로 읽을지 보는 탐방객의 마음이다. 봉화대에서 고위봉까지도 0.5㎞ 거리이고 백운암까지도 비슷한 거리다. 칠불암이 내려다보이는 곳에 두 마리의 사자가 성큼 발을 떼는 모습이 보인다. 나 혼자 사자바위라 이름 지어 둔다.

■ 백운곡과 침식곡

  엎드린 불상이 발견된 열반골 입구 새갓골 주차장에서 왼쪽으로 반듯하게 난 길을 따라 30여분 오르면 넓은 터에 자리잡고 있는 암자를 백운암이라 부른다. 백운암으로 이어지는 길은 포장도로다. 길 아래로 이어지는 계곡은 비교적 짧은 편이지만 긴 가뭄에도 물이 완전히 마르지는 않아 겨울에는 하얀 얼음폭포의 절경을 연출하기도 한다.

절터

백운재

백운곡 얼음

  백운암의 암자는 지금은 그 규모가 작아졌지만 주변에 흩어져 있는 기와조각이나 석재, 넓게 다듬어진 지반과 축대의 형태를 보면 신라시대에는 웅장한 가람이 있었던 곳이라 짐작할 수 있다.

경주 남산 어디엘 가도 그렇지만 특히 백운암에서 봉화대로 이어지는 지역에는 잘생긴 나무들이 많다. 수석이 밀반출되는 일도 더러 발생한다. 최근에도 조경수를 반출하려던 도둑들이 공원관리사무소 직원들에게 들켜 도망가는 사건이 발생하기도 했다.

백운암으로 들어가는 백운곡을 따라 걷다가 오른 쪽에서 완만하게 내려오는 물길의 거푸집이 침식곡이다. 심수곡으로도 불리는데 한낮에도 햇볕이 닿지 않아 이끼류가 많이 자라는 계곡이다. 머리 없는 석불이 수려한 몸의 선을 자랑하며 높은 좌대 위에 앉아있는 평평한 터에 신우대와 참나무가 숲을 이루고 있다. 금방 멧돼지가 튀어나올 것 같은 분위기다.

◀주먹바위

열암곡 석불좌상▶

세월이 유수같다고들 한다. 남산 깊은 계곡에도 세월이 비켜가진 않았을 것이다. 세월 따라 형태는 변했을지라도 남산의 불상과 석물들은 천 년 전의 시간을 오늘에 증명하고 있다. 초심불망 마부작침이라. 처음의 마음을 잊지 말고 열심히 노력해 뜻을 이루라는 선조들의 교훈을 떠올리며 남남산에 열린 힐링의 길을 걸어볼 것을 권한다.

해목령의 게눈바위

 **도당산과 해목령**

　신라의 통치이념에는 민주주의가 바탕에 깔려있다. 만장일치제도를 채택했던 화백회의가 그것이다. 화백회의는 신라의 중대사를 결정할 때 열렸는데 그 결정을 도당산에서 하면 잘 이루어진다는 속설이 있었다. 도당산은 남산의 북쪽 끝이다. 남산을 황금색 자라, 또는 거북이라 표현할 때 도당산은 그 머리에 해당한다. 도로공사로 단절되었던 목 부분을 최근 터널공사로 연결했다. 지금은 월정교에서 출발해 도당산을 지나 금오봉으로 이어지는 등산로가 개설돼 많은 탐방객들이 이용하고 있다.

　도당산에서 금오봉으로 이어지는 길에는 남산신성이 지금도 남아 있다. 창고터도 발견된다. 경주시가지가 시원하게 내려다보이고, 시가지에서도 조망되는 툭 불거진 대게의 눈을 닮은 해목령. 해목령에서 서북쪽으로 흘러내리는 계곡을 따라 절터가 발견되었다. 그곳에서 천진난만한 표정의 석조여래의상 삼존불이 발견됐다. 해목령에는 많은 바위가 다양한 모양을 하고 엎드려 있다. 저마다 특별한 무엇을 웅변하는 듯하다. 역사를 되새기거나 느낌이 오는 대로 바위 이름을 붙여가며 남산을 오르는 것도 힐링 산행의 별미가 될 것이다.

■ 도당산의 화백회의

 경주 남산은 고위산과 금오산, 도당산으로 크게 구분된다. 고위산은 남쪽, 금오봉은 가운데, 도당산은 가장 북단에 위치하고 있다. 도당산 주변에는 인왕사와 천관사 등의 큰 절이 있었던 것으로 지금도 석재들이 남아 있다. 도당산의 기운은 상당히 영험한 것으로 전해진다.

 신라가 처음 생성되기 이전 육부촌장들이 이곳에 모여 회의를 열어 박혁거세를 왕으로 추대하기로 결정한 이후 신라의 중요 회의들이 열렸던 곳이다. 김유신 장군이 김춘추를 왕으로 추대한 곳도 도당산이다. 그리고 보면 도당산은 왕이 난 자리가 된다. 백제와의 전쟁을 앞두고도 이 곳에서 긴 회의가 열렸을 것이다.

화백정

 도당산은 신라 천년 궁궐터 월성과 바로 연접해 있다. 남천을 건너면 코앞이 도당이다. 최근 복원된 월정교를 지나 박물관으로 이어지는 길만 건너면 바로 도당산으로 드는 등산로가 시작된다. 마을 뒷동산을 오르듯 편안하게 시작하는 도당산 산행길은 입구에 모포를 깔고, 데크를 설치해 공원길 같다. 경주IC에서 포항으로 이어지는 산업도로가 남산 자라목에 해당하는 부분을 가로지르고 있었는데 경주시가 최근 터널로 자라목을 이어 남산으로 오르는 등산로가 새롭게 개설됐다. 경주 남산의 역사문화 탐방을 안내하는 해설사들도 월정교와 도당산을 기점으로 하는 남산탐방코스를 새롭게 추가하고 있다.

　일정이 바쁘다면 도당산에서 남산을 오르지 않고 남산 입구의 상서장을 둘러보고 돌아와도 산책로로 좋은 코스다. 상서장은 신라말 신동으로 알려진 최치원이 왕에게 올리는 글을 작성한 곳이라 하여 이름지어진 집이다.

　도당산이 명당이라는 말은 곳곳에 자리하고 있는 분묘들이 입증한다. 3월 접어든 도당산은 숲이 얕고 볕이 잘 들어 진달래가 금방이라도 꽃망울을 터트릴 듯하다. 도당산에 오르면 옛날 화백회의를 연상하게 하는 정자가 먼저 반긴다. 화백정이라는 현판이 신라를 새삼 먼저 떠올리게 한다. 화백정에 앉으면 월성을 돌아 흐르는 남천의 물소리가 도란도란 들린다. 한참 발굴중인 월성 내부까지 훤하게 건너 보여 전망도 좋다. 이른 봄인데도 벌써 정자에 둘러 앉아 컵라면과 김밥을 나누어 먹는 사람들이 보인다. 경주시민들의 새로운 쉼터로 자리매김하고 있다.

◀해목령 고개길

해목령 가는 길▶

■ 해목령

　월정교에서 도당산을 지나 해목령에 올랐다 금오정을 돌아오는 등산길은 왕복 약 8㎞ 거리다. 가파르지 않고 편안한 산길이어서 등산 초보들도 쉬운 코스다. 도당산을 지나 금오정으로 오르는 길에 해목령(蟹目嶺)이 있다. 개구리를 닮은 큰 바위 두 개가 대게 눈알처럼 솟아 있어 게눈바위로 불린다. 게눈바위에 올라서면 사방이 확 트이고 월성은 바로 턱밑으로 보인다. 멀리 신라 땅 구석구석이 한 눈에 들어온다. 외적이 쳐들어온다면 그 동향을 샅샅이 살필 수 있는 곳이다. 게눈바위라는 이름은 아주 적절하게 붙여진 것 같다. 게눈바위에서 서라벌 곳곳을 살펴볼 수도 있지만 시가지에서 게눈바위를 올려다봐도 또렷하게 보이는 곳이다. 중요한 일이 생겼을 때 월성과 수신호를 주고받을 수 있었을 것이다.

해목령 복어바위

해목령 돌고래바위

해목령의 바위들

해목령 바위

해목령에는 크고 작은 바위들이 많다. 수달을 닮은 수달바위, 의자바위, 사자바위, 물개바위, 메기바위... 이름은 다르지만 게눈바위와 함께 진득하니 남산을 지키고 있다. 삼국사기 등 역사서에 문무대왕이 이곳에 창고를 설치해서 무기와 쌀을 저장했다고 한다. 창고의 규모가 상당히 컸던 것으로 추정된다. 두 개의 창고는 길이가 50m에 이르고 중간의 창고 길이는 100m에 달했던 것으로 조사됐다. 창고 터에는 지금도 검게 탄 쌀이 발견되고 있다. 문무왕때 창고를 지었고 혜공왕 2년 767년에 불에 타버렸다. 건물지 축대에는 긴 돌못을 사용한 것으로 보아 당시 건축기술이 상당히 발전했었다는 것을 짐작하게 한다.

■ **남산신성**

남산신성터

신라시대의 탄화미

도당산 쪽에서 남산을 오르다보면 곳곳에 성을 쌓았던 흔적이 보인다. 아름드리 돌들이 얼기설기 짜이거나 촘촘하게 축을 이루고 있다. 삼국사기는 진평왕이 남산성을 쌓은 것으로 기록하고 있다. 또 문무왕이 남산성을 보수하고 추가로 쌓아 남산신성으로 부르고 있다. 남산신성에 대한 기록은 성을 쌓을 당시의 내용을 화강암에 글씨로 새긴 비편이 발견돼 제작연대가 확실하게 드러난다. 남산신성비에는 성을 쌓는데 참여한 사람들의 직명과 출신지, 인명, 관등과 축성거리 등이 상세하게 기록되어 있다.

비문을 보면 성을 쌓을 때 부락에서 구역을 나누어 쌓은 것으로 드러난다. 성벽의 높이와 지세에 따라 성벽을 쌓기 어려운 곳은 길이를 짧게 하고, 쉬운 곳은 길게 담당하도록 공평하게 작업구간을 나누었다.

남산 신성비

   비문에는 축성거리를 대개 6보에서 21보로 정하고 있다. 또 산성비에는 성을 쌓은 책임자들이 담당구역의 성벽이 3년 안에 무너지면 하늘이 내리는 벌을 받는다는 내용을 비석에 새겨 서약했다. 지금까지 남산신성비는 10편이 발견돼 국립경주박물관에 전시되고 있다. 제9비는 발견 당시 완형으로 본래의 위치에 놓여 있었는데 글이 새겨진 전면이 성 안으로 향하도록 세워져 있었다.

   남산신성은 사적 제22호로 1963년에 지정됐다. 남산의 북쪽 해목령을 중심으로 축성됐다. 기록으로 남산신성의 거리는 2천850보로 나타나지만 조사에서 성의 전체 둘레는 4천850m에 이르는 것으로 밝혀졌다. 남산신성에 오르면 북쪽으로 경주 시내와 월성이 한눈에 들어온다. 동쪽으로 명활산과 낭산, 서쪽으로는 단석산과 서악동, 모량리까지 훤하게 보인다. 남산신성은 월성과 신라의 수도 서라벌을 지키는 도성수비의 역할을 했을 것으로 짐작된다.

■ 애기부처

   도당산에서 해목령으로 오르는 중턱쯤 마을사람들이 맨드리고개라 부르는 곳에 세 개의 돌기둥이 서 있다. 지금은 흙이 묻혀 있지만 기둥 안에 석실이 있었고, 석실에서 희귀한 자세의 불상이 발견됐다. 맨드리고개에서 서쪽으로 이어지는 계곡을 장창곡이라 부른다.

애기부처 출토지

남산 애기부처

문무왕이 건축했던 긴 창고가 있는 계곡이라는 뜻이 담겨있다. 또 장창곡에서 발견된 불상이라 하여 장창곡 석조여래의상 삼존불이라 부른다. 삼존불은 의자에 앉은 자세의 석조여래의상, 양쪽에 협시한 협시보살과 함께 발견돼 지금은 경주박물관에 전시되고 있다. 의자에 걸터앉은 자세의 여래상은 하나의 돌로 다듬었다. 동글동글하게 생긴 얼굴과 도톰한 입술, 미소가 흐르는 눈매, 둥근 어깨선, 전체 몸체가 부드럽게 다듬어져 어린아이처럼 보여 애기부처로 불린다.

협시보살들도 머리와 몸체 비례가 갓난아기들과 같이 4등신이다. 삼존불은 모두 코만 살짝 훼손되었을 뿐 전체 몸이 그대로 보존돼 국보급의 문화재이지만 아직 문화재로 지정되지 않고 있다. 박물관에서 관리하고는 있지만 학자들과 경주시민들은 문화재로 지정관리해야 된다고 목소리를 높인다.

신라시대 왕이 교통했을 월정교를 지나 화백회의가 열렸던 도당산 화백정에 올라 머리를 식히고 다시 해목령을 오르면 서라벌 시가지에서도 훤히 보였을 엄청난 규모의 무기창고와 곡식창고의 터. 천년을 썩지 않고 까맣게 건너온 불에 탄 쌀알을 손으로 만져보며 신라인의 체취를 더듬어 보는 것 또한 힐링의 백미일 듯하다.

삼릉

 **남산의 신라**

  경주 남산에 들면 신라가 보인다. 신라가 국가의 규모로 성장하기 시작하면서 처음 궁궐로 사용했던 건물이 남산의 창림사가 있었던 자리라는 보고서가 있다. 신라는 남산에서 태동했다는 이야기다. 또 남산에는 신라의 시조 박혁거세가 태어났다는 우물 나정이 있고, 박혁거세를 임금으로 세웠던 6부 촌장들을 모시는 양산재가 있다. 이어 6대 지마왕과 7대 일성왕의 무덤이 서남산에 있다. 삼릉에는 8대 아달라왕과 53대 신덕왕, 54대 경명왕이 잠들어 있다. 동남산에도 49대 헌강왕과 50대 정강왕릉이 있다. 오릉도 남산으로 분류하는 학자들이 있다. 오릉에는 초대 박혁거세와 2, 3대 남해왕과 유리왕, 5대 파사왕이 나란히 잠들어 있다. 삼릉 옆에 55대 경애왕릉도 있어 남산에 56명의 왕 중에 12기의 왕릉이 있다.

  남산에는 또 신라의 통치이념이라 할 수 있는 불교의 흔적들이 불상, 석탑, 절터 등으로 고스란히 남아있다. 신라가 천 년의 사직을 내려두게 된 경애왕의 참사도 남산 포석정에서 일어났다. 술잔이 돌았던 포석정의 구조물은 신라가 그러했듯 물길이 마른 채 그 자리를 지키고 있다. 신라의 처음과 중흥기는 물론 멸망의 끝자락 흔적까지 묻어나는 남산의 신라를 돌아본다.

■ 신라 최초의 궁궐터 창림사지

경주 남산에는 신라의 모든 것이 있다. 남산이 신라다! 라는 카피가 있어도 자연스러울 것 같다. 경주 IC에서 포항 방향으로 곧장 가다보면 울산으로 가는 교차로에서 우회전하면 바로 서남산이다. 이쯤에서 남산 정상 쪽으로 고개를 돌리면 늠름하게 앉아있는 삼층석탑이 보인다. 지난해 보물로 지정된 창림사지 삼층석탑이다.

창림사지로 가기 위해 남사리로 좌회전하면 나정이 있다. 나정은 아직 복원되지 못하고 소나무 고목에 둘러싸인 채 나대지로 남아 있다. 나정 동쪽에는 한옥건물인 양산재가 넓은 마당을 두고 있다. 양산재에서 마을 안쪽으로 들어가면 남산의 발 뿌리가 될 듯한 기슭에 넓은 언덕 같은 부지가 있고 그 윗부분에 삼층석탑이 복원되어 서 있다. 용의 형상을 하고 있었던 귀부의 머리는 떨어져나가고 없지만 비석을 등에 세웠던 머리 두 개인 쌍귀부가 엎드려 있다. 용으로 표현된 귀부의 머리 하나는 국립경주박물관에 보관되어 있고, 하나는 사라지고 없다.

남산자락에 신라 최초의 궁궐터가 있고, 신라 최초의 왕이 태어난 곳과 무덤, 최초의 왕을 옹립한 육부촌장들을 제사지내는 사당 등의 유적들이 즐비하게 나열되어 있다. 이쯤 되면 신라의 출발은 남산에서 시작된 것이라는 말에 이의를 제기할 사람은 없을 듯하다. 그러나 박혁거세가 태어났다는 나정과 신라 최초의 궁궐터 창림사지에 대한 발굴작업이 수십년이 지나도록 제자리걸음하고 있다는 것은 안타까운 일이다. 나정에는 색바랜 안내간판이 빈 터를 지키고 있고, 창림사지에는 석탑 하나만 우뚝 서있을 뿐 잡초 무성한 터에 발굴하다만 흔적인 흙더미만 여기저기 파헤쳐져 있을 뿐이다.

창림사지의 쌍귀부

경주 창림사지

■ 포석정과 경애왕

포석정

경애왕릉

　창림사지에서 포석정으로 이어지는 산책로인 '서남산 가는 길'을 따라 마을 안길을 관통하면 포석정이 나온다. 2㎞ 남짓 되는 거리다. 이 길은 자전거를 타거나 걸어가는 것이 편하다. 차로 이동하면 자칫 막다른 골목을 만나 낭패를 볼 수 있다. 포석정 주차장은 언제 가도 주차공간이 넓고 편안한 기분이 들게 한다. 포석정을 둘러싸고 있는 터에 오래된 소나무들이 껑충하게 키만 높아 나라 잃은 설움인양 황폐하기까지 하다. 그러나 포석정은 여름과 가을이 되면 별유천지가 된다. 소나무 잎은 더욱 푸르게 되고 백일홍과 형형색색 단풍을 자랑하는 나무들이 우거져 포석정은 신라 때 왕들이 즐겼던 그 잔치마당으로 탐방객들을 초대한다.

　포석정은 돌로 전복껍질의 구불구불한 모양을 흉내 내어 타원형으로 도랑을 만들고 물이 흐르게 했다. 신라귀족들은 포석정 물줄기를 따라 둘러앉아 흐르는 물에 잔을 띄우고 시를 읊으며 화려한 연회를 열었다. 포석정은 7세기 이전부터 만들어졌던 것으로 추측된다. 포석정의 비사는 사실상 신라의 패망을 예고하는 경애왕의 잔치가 벌어진 내용에 대한 기록이다. 신라 55대 경애왕이 927년 11월 이곳에서 연회를 즐기다가 후백제 견훤의 공격을 받아 잡혀죽었다고 전한다. 경애왕은 경명왕의 동생으로 53대 신덕왕의 아들이다. 신덕왕은 52대 효공왕의 처남으로 김씨 세습의 왕위를 끊고, 박씨 왕위를 다시 이은 인물이다. 효공왕 때부터 이미 신라는 국력이 쇠퇴해 후삼국시대의 약자로 전락하였지만 결국 경애왕은 국력을 키우지 못하고 패망의 길을 걷게 된 비운의 왕이 되었다.

■ 지마왕과 일성왕

　신라 6대 지마왕과 7대 일성왕의 무덤으로 전해지는 고분 또한 서남산 언저리에 있다. 나정에서 곧장 마을안길로 들어가면 남산 언덕배기 솔숲 볕이 잘 드는 곳에 일성왕릉이 있다. 창림사지에서 남쪽으로 2㎞ 정도의 마을안길을 따라가면 포석정이 나오고, 다시 300여m를 더 가면 큰 소나무들이 호위병처럼 둘러서있는 곳에 지마왕릉이 호석도 없이 엎드려 있다.

▲지마왕릉

일성왕릉▲

　지마왕은 5대 파사왕의 아들이다. 일성왕은 3대 유리왕의 아들이라는 설과 지마왕의 아들이라는 설, 갈문왕 일지의 아들이라는 설이 있어 분명하게 밝혀지지 않고 있다. 서기 112년부터 154년 사이 23년, 21년씩 왕위에 있었던 이사금들이다. 당시만 해도 신라의 영토는 그다지 넓지 않았던 것 같다.

국가로서의 면모도 제대로 갖추어지지 않아 왕권 또한 확립되어 있지 않은 때였다. 말갈을 비롯한 가야국 등의 주변 부족국가들의 침략에 허덕이며 왕이 직접 전쟁터로 나가야 했던 왕들의 전쟁사는 역사서들에 한 대목씩 기록되어 있다.

지마왕이 왕위에 있을 때는 왜와 말갈의 침략이 잦았다. 지마왕은 재위 4년 115년에 직접 군사를 거느리고 낙동강을 건너 가야를 치러갔다. 그러나 가야 군은 숲 속에 매복해 있다가 신라 군사들을 포위하고 공격했다. 지마왕은 가까스로 포위망을 뚫고 서라벌로 돌아왔다. 다음해에 군사를 이끌고 다시 가야 정벌에 나섰지만 장마를 만나 돌아올 수밖에 없었다.

일성왕은 정사당을 설치해 왕권을 강화하고, 제방을 수리하고 논밭을 개간하는 등 농업에 많은 노력을 기울이는 한편 지혜롭고 용맹한 장수를 기용해 국력을 키우는데 주력했다. 일성왕은 당시 말갈의 공격에 대비책을 강구하려 노력하면서 말갈 공략을 시도했지만 성과를 거두지는 못했다.

■ 삼릉 그리고 헌강왕과 정강왕

삼릉숲

헌강왕릉

정강왕릉

걸어서 보는 남산

　삼릉은 경주 남산 탐방에 나서는 사람들이 가장 먼저 찾는 곳일 듯하다. 서남산주차장에서 남산등산은 시작된다. 높이 솟은 소나무 숲을 지나면 먼저 세 기의 왕릉을 만난다. 8대 아달라왕과 53대 신덕왕, 54대 경명왕의 무덤으로 전한다. 모두 박씨 왕들이다. 지역사학자들은 왕릉의 이름이 맞지 않다는 주장을 하고 있어 이에 대한 연구가 필요하다는 인식이 제기되고 있다.

　남산의 문화재해설사들은 삼릉 앞에서 신라사를 대충 읊어준다. 남산이 가진 신라시대 문화유적을 포함해서 전설 한 자락쯤은 필수적으로 소개한다. 삼릉으로 이어지는 숲은 오래된 키 큰 소나무들이 군락을 이루고 있어 전국에서 사진작가들이 몰려드는 곳이다. 특히 가을과 초여름 새벽에는 소나무 사이로 안개가 피어오르는 장면을 찍기 위해 밤을 새는 작가들도 있다. 어쩌다 눈이라도 내리는 날이면 눈 덮인 우람한 소나무들의 기상을 렌즈에 담으려는 카메라맨들이 장사진을 이룬다.

　서남산에 많은 왕릉이 위치해 있는데 반해 동남산에는 49대 헌강왕과 50대 정강왕의 무덤 만 달랑 있다. 서남산의 왕릉이 모두 박씨라는데 반해 동남산의 왕릉은 김씨 왕조 쇠퇴기 왕들의 무덤이다. 두 왕릉은 통일전과 화랑의 집 사이에 500여m 거리를 두고 소나무숲길에 산책로로 이어져 있다. 통일전에서 걸어도 10분이면 되는 짧은 코스여서 탐방하기에 편안하고 소나무 숲은 쾌적한 공기를 안겨준다. 탐방길은 국립공원사무소에서 최근 부직포를 깔아 마치 비단길을 걸어가는 느낌이 들게 한다.

　헌강왕 때는 신라말기에 접어든 시기였지만 백성은 태평성대를 누렸다. 헌강왕은 글을 좋아해 문신들과 함께 글을 짓고 토론을 하는 한편 중국의 유학에서 돌아온 최치원과 용왕의 아들 처용을 등용해 나라 일을 돌보도록 했다.

또 헌강왕이 남산 포석정에서 잔치를 벌이는데 남산신이 나타나 춤을 추는 모습이 왕에게만 보였다. 왕은 신의 춤을 따라 추었는데 그 춤은 당시 서라벌에 유행되기도 했다는 기록이 있다. 정강왕은 경문왕의 둘째 아들이자 헌강왕의 동생이다. 어릴 때부터 병약해 왕위에 올라서도 제대로 나라를 다스리지 못했다. 왕위에 오른 지 1년이 못되어 죽고, 그의 누이가 신라 51대 진성여왕이다.

▲양산재

남산 창림사지 삼층석탑▼

천년의 사직이 고스란히 묻어 있는 경주 남산을 둘러보는 일은 색다른 감흥을 일으키는 힐링코스로 자신 있게 추천한다. 신라왕들의 흥망성쇠가 남아있는 남산으로 세계인의 발걸음이 잦아지고 있다.

 ## 동남산 둘레길

제주도 둘레길, 앞산 둘레길 등등 둘레길 바람이 불어 지역마다 둘레길이 둘레둘레 생겨나고 있다. 경주 남산에도 다듬어지지는 않았지만 걷거나 드라이브하기에 좋은 둘레길이 있다. 남산 둘레길은 자동차로 한 바퀴 둘러보는 길이가 30㎞ 정도 된다. 탐방객들이 역사유적이나 의미 깊은 곳을 찾아다니며 둘러본다면 거리는 더 늘어날 것이다.

신라 왕들이 행차하면서 건넜을 월정교에서 인용사지를 지나 상서장, 불곡마애여래좌상, 보리사 미륵곡석조여래좌상, 경북산림연구원, 화랑교육원, 통일전을 지나 사리저수지에서 임도를 타고 남남산으로 이어지는 길. 다시 월정교에서 천관사지, 나정, 창림사지, 포석정, 삼불사와 망월사, 삼릉과 경애왕릉, 석불두를 지나 약수골, 비파골을 지나 용장리 천룡골과 틈수골 입구에서 용산서원, 남남산으로 가는 길. 크게 두 코스로 소개된다.

앞서 소개한 코스를 동남산 가는 길, 다음 코스를 서남산 가는 길로 나누어 남산의 둘레길을 소개하고자 한다. 탐방코스를 나누어도 걸어서 탐방하기에는 무리가 있다. 둘레길 곳곳을 조금씩 2~3시간씩 나누어 탐방하거나 자전거로 돌아보는 것도 좋을 듯하다. 일단 자동차로 둘러보면서 힐링하기에 좋은 구역을 별도로 소개한다.

걸어서 보는 남산

▲산림환경연구원 메타쉐콰이아숲

■ 동남산 가는 길

　동남산 둘레길은 월정교에서 시작하는 것이 편하다. 아직 주차장이 완전히 준비되지 않아 남천 건너 교촌마을 주차장에 차를 두고 일행들이 한 차로 모여 이동하는 것이 편리하다. 월정교에서 동쪽으로 이동하면 들판에 인용사지 푯말이 있다. 지금은 어떠한 흔적도 남아있지 않지만 김춘추의 둘째아들이며 문무왕의 친동생인 김인문을 기리기 위해 세워졌던 절이다. 도당산 허리를 지나 고갯길을 내려서는 중턱에 하늘로 오르듯 가파른 계단이 있다. 최치원이 임금에게 상소하는 글을 작성했다는 상서장이 있는 곳이다. 차를 세우고 잠시 걸어들어가야 상서장 전체를 볼 수 있다.

　남산의 발뿌리를 따라 오른쪽으로 돌아내리면 남천을 따라 둑길이 이어진다. 둑길을 따라 가다보면 오른쪽으로 불곡마애여래좌상, 탑곡마애불상군, 미륵곡석조여래좌상으로 가는 길이 계곡을 따라 나 있다. 적당한 곳에 차를 세워두고 산책하듯 다녀올 수 있는 길이다. 모두 보물로 지정된 문화유적이다. 아름다운 숲길을 따라 각각 30분에서 두어시간까지 걸릴 수도 있는 코스다.

　경북도산림환경연구원은 편안하게 마련된 주차장이 있고 들어서면 잘 다듬어진 정원 같은 풍경이 펼쳐진다. 체험학습장으로 학생들과 가족단위 탐방객들로 사철 붐빈다. 여기서 500여m 떨어진 곳에 화랑교육원이 있고, 다시 500여m 가면 통일전이 있다. 화랑교육원과 통일전으로 이어지는 산책로 사이에 서쪽으로 헌강왕릉과 정강왕릉으로 들어가는 진입로가 있어 산책하듯 천천히 둘러보기에 좋다.

산림연구원 장승

박정희 대통령 묵었던 금오정사

열암곡 삼거리

　통일전에서 곧바로 남쪽으로 진행하면 서출지와 남산리 삼층석탑, 칠불암으로 이어지는 등산로가 나온다. 동쪽으로 은행나무가로수길을 일직선으로 뻗은 통일로를 달리다 보면 석공명장이 있는 석물점이 나타난다. 석물점을 지나서 남천을 가로지르는 동방교를 건너기 전에 남쪽으로 방향을 전환해야 된다. 여기에서부터는 마을안길이 좁게 이어진다. 평동교를 지나 약 5㎞ 마을안길과 들판길을 달려서 임도가 시작되는 지점이 사리 저수지다. 임도에 들어서면 오르막 내리막길을 따라 남남산으로 이어진다. 열암곡으로 연결되는 삼거리까지가 동남산 가는 길이다.

■ 상서장과 불곡

　상서장 좁은 주차장에 내려서면 하늘길이 열린다. 남산의 북쪽 끝단에 깎아지른 듯 절벽처럼 곤두선 계단이 시선을 압도한다. 힘겹게 가파른 계단을 오르면 솟을대문이 나타난다. 쪽문을 밀고 들어서면 오래된 한옥이 웅크리고 있다. 신라 명문장 최치원이 머물렀던 상서장이다.

　최치원은 12세에 당나라 유학길에 올라 18세에 급제해 당나라의 벼슬을 얻었다. '토황소격문'을 지어 명문장가로 당나라에 이름을 떨쳤으나 신라로 돌아와 골품제에 묶여 큰 뜻을 펴지 못했다. 그는 신라 효공왕 당시에 고려 왕건이 임금이 되기 전 그의 뛰어난 인격을 두고 "신라의 계림은 낙엽이 지고, 고려의 송악산엔 솔이 푸르다"는 내용의 글을 올렸다. 고려 8대 현종이 이 글을 나중에 보고 최치원이 고려 건국에 공로가 있다고 인정하여 '문창후'라는 시호를 내리고 공자묘에 위패를 같이 모시게 했다. 이때부터 최치원의 위대함이 널리 알려지면서 그가 지냈던 집을 '상서장'이라 부르게 됐다. 태조에게 글을 올린 집이라는 뜻이다.

　상서장 마루에 서면 서북쪽으로 월성이 훤하게 내려다보이고 남천이 상서장을 돌아 월성으로 길을 내고 있는 전경이 한눈에 들어온다. 상서장 동쪽도 깎아지른 벼랑으로 멀리 벌지가 내려다보인다. 남산의 정기가 절정에 이르는 자라가 목을 치켜드는 지점에 위치해 있는 명당으로 손꼽히기도 한다.

상서장 본체

◀불곡 신우대길

불곡마애석불▶

　상서장에서 동남쪽으로 길을 접어들면 남천을 따라 제방길이 이어진다. 길섶에 주차하고 소나무숲길을 따라 서편 남산으로 드는 길로 10여분 걸으면 바위 이불을 덮어 쓴 듯 얕은 석굴이 나타난다. 온화한 할머니표정을 하고 있는 석불이 있다. 보물 198호로 지정된 불곡마애여래좌상이다. 선덕여왕을 모델로 했다는 설이 있는 남산에서 가장 이른 시기에 만들어진 석불로 손꼽힌다. 조금 더 아래로 내려가면 옥룡암과 탑곡마애불상군을 만날 수 있다.

　탑곡에서 내려와 다시 남쪽으로 달려 오른쪽 마을안길로 들어서면 미륵곡 석조여래좌상을 만나러 가는 길이다. 주차장에서 걸어서 가도 금방 남산 최고의 미남부처를 만날 수 있다. 광배와 대좌 등 신라불상의 전형적인 틀을 갖춘 불상으로 보물 136호. 광배 뒷면에 약사여래좌상이 새겨져 있는 특이한 석불이다. 불상 뒤쪽에는 고래바위가 고개를 내밀고 부처를 지키는 수호신인 양 웅크리고 있다.

■ 청년들의 체험교육장 화랑교육원과 산림연구원

▶경상북도산림연구원 : 경주시 배반동에서 1907년 4월에 한국경영묘포장이라는 명칭의 기관으로 출발해 임업시험장, 임목양묘장으로 다시 명칭을 바꾸어 1969년 현재의 위치로 이전했다. 1973년 산림학교 및 산림병원, 1978년 솔잎혹파리 천적사육실을 건립하고 1993년 경상북도 산림환경연구소, 2008년 경상북도 산림환경연구원으로 이름을 바꾸었다.

연구원은 임업시험연구 및 실용화를 통해 농촌의 소득증대를 꾀하고 산림재해예방 및 복구 등 각종 산림연구를 하고 있다. 기후변화에 대응한 산림 생산성 향상 등 산림산업도 같이 한다. 산림환경연구원은 그 자체가 조경이 잘 되어 있고 습지생태관찰원, 야생동물원, 야생화원, 무궁화동산, 산림전시실 등의 볼거리를 제공하고 있다. 지금은 자연학습 및 휴식의 공간으로서의 역할이 커지면서 체험학습을 위한 학생들과 일반인들의 방문이 잦은 편이다. 연간 50만명 정도의 방문객이 찾고 있으며 휴일이면 연구원 일대가 교통마비가 될 정도로 붐빈다. 일반인을 대상으로 관람이 허용되고 있는데 단체로 경상북도 산림환경연구원을 관람하고자 하면 미리 견학신청을 해야 한다. 개방시간은 동절기는 오전 9시에서 오후 5시까지이며, 하절기 오전 9시부터 오후 6시까지이다.

화랑의 집 숲

▶화랑교육원 : 경주시 남산동에 있는 경상북도교육청이 운영하는 청소년 교육기관이다. 박정희 대통령 당시 1973년 청소년들이 화랑의 얼을 계승하여 투철한 국가관을 확립하고 바른 품성과 인격을 도야할 수 있도록 교육하기 위해 설립했다.

화랑교육원

  13만5천여㎡ 부지에 국궁과 씨름, 축구 등의 수련장과 대나무숲 등의 녹지가 조성돼 있다. 교육원은 화랑문을 들어서면 성화채화기념관, 남산정사, 금오정사, 생활실, 화백당, 화랑정, 육덕정 등의 수련시설이 있다. 이곳에서는 교원연수와 중고생 수련, 재외 교포학생과 사관생도, 대학생, 공무원 교육 등이 시행된다. 지도자과정, 자기개발과정, 심성계발과정, 적응력배양과정 등의 교육과정을 운영하고 있다. 강의와 토의를 비롯하여 아침수련, 자기관리, 봉사활동 등의 집단활동까지 교육프로그램을 작성 운영한다.

  국궁, 전통예절, 전통음악, 태권도, 씨름, 널뛰기, 그네뛰기, 강강술래 등의 체력단련과 함께 전통문화를 익히는 과정을 두고 있다. 탁본과 전통문화활동, 국토순례와 유적답사 등의 현장학습, 대화와 다례 등의 전통의식도 다양하게 진행된다. 신라삼국통일의 기본 정신이 되었던 화랑정신을 계승하기 위한 청소년들의 교육은 물론 공무원과 기업인 등의 일반인들도 교육에 참여하고 있다.

■ 남남산 가는 길

　사리 저수지에서 열암곡 입구까지 이어지는 임도는 6㎞ 남짓 된다. 처음 오르막이 다소 가파르게 시작돼 일반 승용차는 초보운전자라면 약간의 어려움이 있다. 일단 임도로 접어들면 소나무숲길이다. 차창을 열고 숲의 맑은 공기를 마시면 기분이 상쾌해진다. 하지만 길이 좁아 맞은편에서 차량이 다가오면 비껴가는 길을 찾아야 된다. 산길 옆으로 돌탁자와 의자를 배치해 간식을 먹으면서 쉴 수 있는 자리가 마련돼 운치를 더한다.
　오르막 끝 지점에 이르면 동쪽으로 시원하게 트인 전망을 즐길 수 있다. 다시 노곡리 방향으로 진행하다보면 오른쪽 계곡으로 오가리 들어가는 진입로가 나온다. 5가구가 집을 짓고 마을을 이루고 있는 동네다. 지금도 특작과 축산업을 하는 사람들이 살고 있다. 경주 최고 오지로 불리는 별천룡골의 사람들이다.

사리 저수지 임도 입구

　남산 둘레길은 아직 대중교통이 없다. 남산을 찾는 탐방객들이 내국인은 물론 외국인들도 늘어나고 있는 추세라 주말이나 공휴일만이라도 순환버스나 셔틀버스를 운행하는 편의를 제공해야 된다는 여론이 일고 있다. 최고의 힐링 명소라지만 아직 갖추어야 할 조건이 많다.

진달래와 눈 그리고 석탑

서남산 둘레길

 매화가 선홍색으로 피고, 개구리 알집이 꿈틀거리는 계곡으로도 봄바람이 불어댄다. 창틀은 한껏 햇볕을 받아 마음의 창까지 열어 제치며 밖으로 유혹한다. 안방까지 들이닥치는 봄기운을 외면하고 들어앉아 있을 수만은 없다. 어디로든 나가야 할 심사가 며느리 궁둥짝까지 들썩이게 하는 봄이다. 이왕이면 역사문화가 풍성한 서라벌로 가보자.

 경주 남산 둘레길에는 유적뿐 아니라 다양한 먹거리와 예술인들이 문화예술을 꽃피우고 있다. 박혁거세가 알에서 깨어난 자리, 김유신 장군이 천관녀와의 사랑을 단칼에 베어버린 천관사지, 박혁거세를 왕으로 세운 육부촌장들을 제사하는 양산재, 신라 최초의 궁궐터 창림사지 등 사적지를 돌아봐도 좋다. 어차피 봄바람은 어디든 불기 마련이다. 오늘의 우리를 있게 한 역사공부 자리라면 더욱 의미가 깊을 것이다.

 서남산 둘레길을 돌아보는 출발지도 월정교로 잡아본다. 접근성도 용이하고, 남천 건너편 교촌마을 주차장은 넓고 주차하기도 좋다. 남남산의 열암곡 입구까지 사적지를 둘러보며 들거니 나거니 하면 20㎞ 거리는 충분히 된다. 모두 걸어서 돌아보기에는 먼 거리다. 자전거 하이킹하기 좋은 코스다. 자동차로 돌아가면서 주차하고 사적지를 둘러보고, 또 다른 사적지로 옮겨가면서 역사 인물들의 흔적을 더듬어보는 것도 행복한 힐링의 시간이 되지 싶다.

■ 서남산 가는 길

　신라 왕의 화려한 나들이 길에 궁궐을 나서면서 건넜을 월정교, 거창한 누각을 뒤로하고 남산의 남쪽으로 가는 서남산 둘레길에서의 첫 만남은 천원마을 천관사지다. 천관녀가 놀란 표정으로 바라보고 김유신 장군이 말의 목을 내리치는 그림현판이 황량한 벌판에 세워져 있다. 천관사지에 대한 본격적인 발굴조사가 진행되고 있다. 한편에 석탑 부재와 주춧돌 등의 석재 30여점이 오랜 시간의 흔적을 고증하고 있다.

　오릉 쪽으로 나와 남쪽으로 직진하면 먼저 남사마을이 나오고 박혁거세가 탄생했다는 나정이 소나무 숲에 둘러싸인 공터로 남아 있다. 바로 옆에는 박혁거세를 왕으로 추대했던 육부촌장들을 제사하기 위한 양산재가 삼중 문을 달고 여러 동의 한옥으로 터를 잡고 있다. 봄철 향사를 올리는 날 외에는 대문이 굳게 닫혀 있다.

　마을 안으로 들어가면 남쪽으로 날렵한 돌기둥 두 개가 나란히 하늘을 향해 솟아 있다. 보물 909호 남간사지 당간지주다. 당간지주 동쪽을 올려다보면 창림사지 삼층석탑이 우람한 자태로 사방을 살피고 있다. 남산에서 가장 규모가 큰 석탑으로 1층 몸돌에 살아 움직이는 것 같은 팔부신중상이 새겨져 있다.

　남쪽으로 논둑을 따라 마을안길을 지나가면 신라 55대 경애왕이 잔치를 벌이다 견훤의 칼에 치욕을 당한 포석정이 옛날 모습 그대로 누워있다. 구불구불하게 물길 따라 술잔이 떠다녔을 포석정의 돌은 말라있다.

비파계곡 봄

다시 남쪽으로 산책길을 따라가면 지마왕릉이 소나무 숲에 둘러싸여 있고, 남쪽으로 이어진 길을 따라 걸으면 태진지가 이색적인 풍경을 선사한다. 태진지를 지나면 남산에서 가장 오래된 석불 중의 하나로 손꼽히는 삼존불이 서 있는 삼불사가 나온다. 삼랑사를 지나 소나무 숲을 들어서면 삼릉이다. 삼릉숲과 작은 개울을 사이에 두고 아담한 경애왕릉이 엎드려 있다. 휘어진 소나무가 마치 경배를 드리는 모습 같아 신기한 느낌을 준다.

걸어서 보는 남산

태진지

남쪽으로 걸음을 옮기면 불상의 머리, 몸통, 다리부분이 따로 전시되고 있는 입곡 석불두가 있다. 지방유형문화재로 지정 관리되고 있지만 훼손 정도가 심해 안타깝다. 남산 어디를 가도 그러하지만 특히 서남산에서 국도를 따라 내려가면서 많은 문화유적을 감상할 수 있다. 경주내남교도소 옆에서 시작되는 약수곡을 따라 올라가면 석불좌상과 남산에서 키가 가장 큰 마애석불입상을 만날 수가 있다. 비파곡 입구를 지나면 용장1리 주차장이 넓은 광장으로 조성돼 있다. 주차장 안쪽에는 금속공예와 꽃심기 체험을 할 수 있는 금오신화가 있는 갤러리가 카페와 함께 운영된다. 남남산쪽으로 가는 길에는 용산서원이 있고, 남남산 입구에는 노곡마을로 백운곡과 열암곡 등으로 이어지는 갈림길과 전체 둘레길이 연결된다.

■ 약수골과 비파골

    삼릉에서 남쪽으로 조금만 들어가다보면 왼쪽 남산기슭에 월성대군이라는 이름이 크게 눈에 들어온다. 월성대군은 신라 제54대 경명왕(景明王)의 제8왕자로 기록되어 있다. 월성박씨는 월성대군을 시조로 삼아 묘소가 실전된 후손 박구, 박간, 박휘, 박신겸, 박호겸, 박홍중 등 11위의 묘비를 세워 제사하고 있다. 남산 속으로 깊숙하게 잔디밭이 형성돼 있고, 월성 박씨 11위를 모신 사당이 전통 한옥으로 자리하고 있어 눈길을 끈다. 그 뒤편에 월성대군 후손들의 묘비 11기가 세워져 있다. 사적지로 지정 관리되고 있다.

    월성대군의 기념비를 끼고 남산으로 오르는 길이 약수곡이다. 약수곡 계곡을 따라 이어지는 등산로를 오르면 1시간이 못되어 머리가 없는 석불좌상이 땅바닥에 앉아있는 것을 볼 수 있다. 석불 옆으로는 절터였다는 것을 암시라도 하듯 석탑의 옥개석이 층계로 비스듬하게 기울어져 있다. 조금 더 오르면 남산에서 가장 키가 큰 석불입상이 머리는 없이 긴 옷자락을 드리우고 서 있다. 여름이면 담쟁이가 푸른 가사인양 석불의 가슴께부터 길게 띠무늬를 입힌다.

    약수곡에서 다시 남쪽으로 내려오다 보면 용장4리 마을표석이 서쪽 방향에 서 있다. 산쪽으로는 새로 건축물이 근사하게 지어지고 있다. 계곡을 끼고 산으로 이어지는 등산로를 따라 오르면 4월이 오기 전에도 풀향이 짙다. 진달래는 이미 꽃망울을 터트리고 붉게 흔들린다. 계곡은 울퉁불퉁한 바위가 폭포를 이뤄 봄비에 물소리가 제법 우렁차게 들린다.

월성대군 묘비

약수곡 마애석불

걸어서 보는 남산

　산길은 그리 크지 않은 알맞게 자란 소나무들이 숲을 이뤄 시원한 공기를 불어내고, 곳곳에 절이 있었던 터전임을 암시하는 넓은 공터와 무언가에 쓰임이 있었을 것 같이 다듬어진 돌들이 동글동글하게 앉아 있다. 계곡을 건너 산길을 오르면 다소 가파른 등산로가 형성되면서 바위들이 마치 이름 난 석공이 빚어놓은 예술삭품처럼 조형미를 사랑한다.

울산으로 이어지는 국도변에서 보통걸음으로 30분 정도만 걸어 올라도 전망이 시원하게 트인 비파곡 제2사지 삼층석탑에 이른다. 삼층석탑은 최근 복원돼 지방유형문화재 448호로 지정됐다. 석탑에서 서남쪽을 바라보면 멀리 들판과 마을이 포근하게 안기듯 다가온다.

■ 용산서원

오릉에서 울산 방향으로 줄곧 차를 달려 남남산으로 연결되는 4차선이 나오기 직전 내남면사무소로 갈라지는 지점에서 남산 쪽으로 좌회전하면 이내 용산서원이 나온다. 용산서원 입구에는 최진립 장군신도비각이 있다. 용산서원은 조선 중기 최진립 장군을 향사하기 위해 건립한 서원으로 고종 7년 서원철폐령으로 철폐되었다가 1924년 다시 건립됐다.

최진립 장군은 현곡면에서 태어나 임진왜란 때 동생 최계종과 의병을 일으켜 울산에서 경주로 진격하는 왜병들을 지형지물을 이용해 크게 무찔렀다. 경주 읍성 수복전투에서도 많은 공을 세웠다. 노곡전투에서는 김호 장군과 함께 싸우며 적을 무찔렀고, 영천성 복성전투에도 참여해 큰 성과를 올렸다. 정유재란 때는 권율 장군과 함께 울산 서생포전투에서 공을 세웠다.

용산서원

장군은 또 1636년 청나라군사들이 침략해 인조가 남한산성으로 피난해 있을 때 나이 들었다는 이야기를 듣고 "내가 늙었다고 군사를 맡기지 않는다면 나 혼자라도 나라를 위해 목숨을 바쳐 싸우겠다"며 전장터로 나갔다. 아군이 무너졌지만 장군은 끝까지 물러서지 않고 활을 당기다 온몸에 고슴도치처럼 적의 화살을 맞고 전사했다. 장군은 인조 15년에 병조판서에 증직되고 3년 이후 정려각이 세워졌다. '정무공 최선생 정려비'는 지금도 신도비각 안에 우뚝 서 있다. 효종은 '정무공'이라는 시호를 내렸고, 숙종 25년 1699년에 '숭렬사우'라는 사액이 내려와 용산서원이 창건됐다.

최진립장군 신도비

 용산서원은 옥산서원, 서악서원과 함께 경주에 남은 사액서원이다. 용산서원은 출입문을 지나 넓은 마당을 두고 강당이 있고 뒤편으로 향사, 남쪽에 포사와 유사실 등의 전통 서원의 구조를 갖추고 있다. 용산서원 입구에는 수령 300년을 넘긴 은행나무 두 그루가 높은 키를 자랑하며 가을이면 아름다운 풍경을 선물한다.
 용산서원 입구에는 박미숙 한식요리연구가가 운영하는 '수리메' 한식전문점이 자리하고 있다. 입구에 옹기들이 햇살을 받으며 줄을 지어 서 있는 모습이 먼저 시선을 사로잡는다.
 수라상은 1인분이 10만원, 15만원이며 일반밥상도 1만5천원에서부터 3만5천원, 5만5천원, 7만원까지 네 단계가 있다. 모두 예약을 받아서 운영하고 있다.

■ 남산에 사는 사람들

천관사지 안내판

비파골 삼층석탑

　남산 둘레길은 찾는 이를 행복하게 한다. 풍부한 역사문화 이야깃거리와 다양한 먹거리들이 길을 따라 늘어서 있고 시대흐름에 맞게 아기자기한 꾸밈과 읽을거리 등을 준비하고 손님을 기다리는 다목적 카페들도 한몫을 한다. 거기에 누구나 직접 체험할 수 있는 체험거리들이 있고, 다양한 취향을 만족시키는 문학과 조각, 공예 등의 예술인들이 탐방객들을 맞아주기 때문일 것이다.

서남산에서 남남산으로 내려가면서 매운탕집과 한정식 식당들이 즐비하다. 주말이면 등산객들로 붐비는 칼국수집, 영양보충하려는 이들이 문전성시를 이루는 오리요리집, 백선생의 메뉴를 따라하는 TV에 소개되면서 유명하게 된 주물럭구이식당, 궁중요리전문박사가 운영하는 수리메 등등 다양한 메뉴의 식당들이 있다.

용장서원 입구 식당

용장 공방과 카페

유명식당도 많지만 소설을 쓰는 작가, 토기를 구워내는 도예가, 신라왕들이 썼던 금관도 뚝딱 만들어내는 금속공예가, 쉽게 만나기 어려운 상여소리꾼, 다보탑이든 석불이든 못만드는 것이 없는 석공명장 등의 예술인들도 남산기슭에 모여 산다. 누구나 자신이 추구하는 예술의 세계로 쉽게 빠져들 수 있는 힐링로드 남산 둘레길을 자신있게 추천한다.

용산서원 매화▲

문화가 있는 체험마을

화랑마을
교촌마을
두대마을
다봉마을
옥산 세심마을
하범곡마을
두산 명주마을

민애왕릉 가는 길

화랑동상

 ## 화랑마을

  사군이충, 사친이효, 교우이신, 임전무퇴, 살생유택은 가장 힘이 약했던 신라가 삼국을 통일할 수 있었던 근본으로 손꼽는 화랑의 세속오계다. 신라는 교육으로 청소년들을 나라의 동량으로 키웠다. 전쟁터에서 용맹을 떨쳤던 관창, 죽지랑, 나라의 왕이 된 김춘추, 삼국통일의 주역 김유신 장군도 화랑 출신이다.

  경주시가 신라시대 화랑정신을 계승 발전시키는 청소년교육장으로 화랑마을을 건립했다. 일반인들도 힐링하고 심신 단련의 공간으로 활용할 수 있게 문화체험시설과 함께 공원을 조성했다. 화랑마을은 경주 석장동 동국대 경주캠퍼스 서편, 김유신 장군로 북쪽, 송화산 자락 28만8천749㎡ 부지에 들어섰다. 화랑마을은 전시관, 공연장, 강연시설, 체육시설, 다양한 체험장과 숙박시설 등을 갖춘 복합체험형 문화콘텐츠로 경주시가 직접 운영한다. 청소년들의 종합 체험시설이지만 일반에게도 공개하는 경주의 새로운 문화관광콘텐츠로 자리매김할 것으로 기대된다.

  경주 시가지와 가까우면서 송화산 옥녀봉으로 연결된 산책로가 등산로로도 활용이 가능하다. 김유신 장군묘, 무열왕릉, 금장대 등 역사문화자원과 연접해 관광객 유치는 물론 경주시민들에게는 또 하나의 공원으로 자리하게 됐다. 경주시는 화랑마을을 준공해 7월부터 9월까지 시범운영을 거쳐 10월부터 청소년의 호연지기를 기르는 전국적인 수련시설로 본격 가동할 계획이다. 화랑정신이 메아리로 울려 퍼질 경주 화랑마을을 둘러본다.

■ 화랑마을 선덕공원

　경주동국대와 동대병원 사이 북쪽 계곡으로 이어지는 길을 따라 들어가면 동향으로 솟을대문이 높게 서있다. '화랑마을'이라 굵은 글씨의 현판이 걸린 기와지붕 정문을 들어서면 옥녀봉에서 뻗어 내린 송화산자락 여기저기에 웅장한 건물들이 보인다. 산속으로 들어가는 진입로를 따라가면 본관과 숙박시설로 갈라지는 삼거리에 활시위를 당기는 말을 탄 화랑의 동상이 금방이라도 북으로 내달릴 기세로 서 있다.

　갈림길에서 오른쪽으로 걸어 가본다. 오르막길로 조성돼 운동하기 좋은 길이다. 천천히 걸어도 십분이 채 걸리지 않는 곳에 예술적인 조형물로 우뚝 서 있는 전시관이 있다. 오른쪽으로 넓은 주차장이 있고, 전시관 뒤쪽에 계단식으로 조성된 무예단련장이 있다. 다양한 태권 동작이 실물 크기로 벽면에 부조로 새겨져 있다. 그 뒤쪽으로 송화산으로 연결되는 산책로가 있어 등산을 하려면 옥녀봉까지 갈 수 있다. 전시관에서 돌아보면 동쪽으로 경주시가지가 한눈에 들어온다. 전망이 좋아 운동하는 시민들에게 사랑받는 코스가 될 것으로 기대된다.

　전시관에서 남쪽으로 걸으면 본관인 화백관에 이르게 된다. 화백관 앞에는 국제규격의 축구장이 조성돼 있다. 바로 아래는 김유신 장군의 탄생에서부터 수련과 전투에서 장군으로 성장하는 과정들을 한눈에 볼 수 있는 상인암전시관이 있다.

선덕공원(풍월정, 임신서기석)

다시 화랑동상에서 왼쪽으로 다소 경사가 심한 산책길을 가본다. 남쪽으로 캠핑장과 자동차 캠핑장, 궁도장이 보이고 육부촌이라는 이름으로 일반인들이 이용할 수 있는 민박촌이 들어섰다. 한옥으로 10여 채의 기와집이 옹기종기 마을을 이루고 있다. 등산로 오른쪽에는 계곡에서 흘러내리는 물을 이용해 작은 연못 수의지가 있다. 수의지는 수양버들이 가지를 늘어뜨리고 있는 모습을 데칼코마니로 또 하나의 하늘과 구름이 떠다니는 세상을 보여준다. 또 폭포와 분수대가 여름 더위를 시원하게 식혀줄 준비를 하고 있다. 연못 둘레에 데크를 설치해 산책코스를 만들었다.

화랑마을 정문

산책로를 따라 북쪽으로 가면 상인암전시관과 선덕공원에 이르게 된다. 선덕공원은 화랑들이 열심히 공부할 것을 다짐하는 맹세를 돌에 새겼던 '임신서기석'의 모양을 본뜬 바위가 비석으로 세워져 있다. 한자와 한글로 해석한 내용을 돌비석의 앞뒤에 새겨 놓았다. 언덕에 나무로 지은 팔각정자 풍월정이 있다. 풍월정은 게 눈처럼 툭 불거진 곳에 세워져 사방에서 바람이 불어와 시원할 뿐 아니라 경주시가지가 한눈에 조망되는 곳이다. 쉼터로 더없이 좋은 휴식공간이다.

오르막길을 계속 오르면 외줄타기 등의 수련시설들이 나오고 김유신 장군로와 연결되는 등산로가 이어진다. 화랑마을을 마실 나가듯 걸으면 1시간 정도면 한 바퀴 휘 돌아볼 수 있다. 이곳저곳 전체를 구경하려면 반나절은 걸린다. 화랑마을은 경주시민들에게는 쉼터공원으로, 관광객들에게는 새로운 패러다임의 문화콘텐츠로 환영받는 시설물로 자리매김할 것 같다.

◀화랑마을 본관 화백관

문화가 있는 체험마을

수의지폭포▶

◀운동장

전시관 화랑관 조형물▶

■ 전시관

　화랑마을은 수련시설과 전시관, 휴식공원 등으로 크게 나누어 볼 수 있다. 전시관은 신라시대 화랑들의 생활과 수련과정 등을 살펴볼 수 있도록 첨단기술을 이용해 체험형으로 만들어졌다. 본전시관과 김유신 장군의 일대기를 소개하는 상인암전시관으로 나누어 건립됐다.

　전시관은 국립경주박물관처럼 입장료를 받지 않고 무료로 운영할 계획이며 지하 1층, 지상 3층으로 전시공간, 공연장, 3D체험관 등으로 조성됐다. 민족정신의 원류인 화랑정신과 문화를 현대적 시각에서 재조명해 글로벌 체험교육과 관광산업의 새로운 패러다임을 제시할 종합체험시설이다. 화랑의 발원에서 삼국통일의 중심에 서기까지 화랑의 역사를 신라역사의 주요사건과 연계해 전시한다. 관창, 사다함, 김유신 등의 주요화랑의 이야기를 생생한 영상과 함께 공부할 수 있게 한다.

　임신서기석에 나타난 화랑들의 맹세와 정신을 마음에 새기고, 원광법사의 세속오계를 현대적 관점에서 재해석한 신세속오계를 비롯 화랑의 전통무예와 다양한 풍류문화를 입체 그래픽, 터치스크린, 전자앨범, 미디어테이블 등의 첨단기기를 활용해 직접 체험 할 수 있다.

화백관에서 본 전시관

임신서기석 해석

　1층에는 '화랑에게 풍류를 배우다'라는 주제로 상설 기획전시관과 3D영상체험관이 있다. 글로벌리더로서 화랑정신과 화랑의 포용성, 어울림의 가치를 체험을 통해 익힐 수 있다. 또 300여명이 동시에 참여할 수 있는 공연, 다목적 강의실이 입체적으로 준비돼 있다.

　2층에는 '풍류에서 신화랑을 꿈꾸다'라는 주제로 화랑의 역사와 신라를 대표하는 화랑들의 이야기를 소개하고 있다. 또 주령구와 전통악기, 처용무, 투호와 칠교, 농주, 전통무예 수박, 검술, 활쏘기 등을 그래픽패널과 증강현실세트에서 체험할 수 있다. 활쏘기는 두 사람이 동시에 게임처럼 체험할 수 있다. 3층에는 영상회의실, 다목적회의실을 준비해 청소년은 물론 일반인들의 교육과 회의실로 활용된다.

　상인암전시관은 화백관과 선덕공원 사이에 위치해 있는 아담한 소규모 전시관이다. 김유신 장군의 일대기를 알기 쉽게 풀어쓴 포스터와 영상체험실로 동시에 소개한다. 단석체험실은 단석산의 단석 모형바위를 설치하고 손을 얹으면 영상물이 김유신 장군의 수련과정을 소개한다.

　부대시설로 아트샵과 카페테리아 등의 편의시설이 설치돼 방문객들이 활용할 수 있게 하고, 공연장에는 다양한 문화공연을 유치할 계획이다.

청소년 수련시설

궁도장

한옥형 팬션

■ 수련시설

화랑마을의 구성요소 중 수련시설도 큰 부분을 차지한다. 수련시설은 국제규격을 갖춘 종합운동장, 국궁장, 짚라인을 포함한 31가지 도전시설로 구성된 풍월도전대로 나누어진다. 야외에 설치된 무예수련장도 수련시설로 눈길을 끈다.

▲ 전시관(활쏘기체험)

국궁장은 가장 남쪽에 위치해 세 개의 과녁이 숲 쪽으로 있어 멧돼지를 사냥하는 느낌으로 시위를 당길 수 있다. 국제적인 규격으로 시설해 동호인들이 활용하게 하고, 국내외 궁도대회를 유치할 계획이다.

종합운동장은 인조잔디구장으로 조성했다. 매년 경주에서 열리는 화랑대기 전국유소년축구대회의 경기도 일부 이곳에서 열린다. 축구경기는 물론 청소년들의 체력단련을 위한 시설로 활용될 전망이다. 일반인들의 조기회와 대회를 위한 대여도 검토하고 있다.

수련시설의 백미는 풍월도전대다. 산속에서 계곡을 건너가는 외줄타기와 외줄을 건너면서 장애물을 치고 나가기 등 안전모와 구명대를 착용하고 체험하는 시설이다. 모두 안전요원의 지도에 따라 시행되고, 사전 예약에 의해서만 가능하다. 안전사고에 대비한 조치로 무단사용은 금지된다. 마지막 코스로 250m 짚라인은 외줄을 타고 소나무 숲을 내닫는 시원함과 아찔한 쾌감을 느낄 수 있게 설치됐다.

청소년과 일반인들이 일상생활에서 탈피해 신화랑정신을 체험하며 힐링하고 휴식하는 새로운 문화공간으로 자리매김하게 될 것으로 기대된다.

■ 캠핑장과 숙박시설

　화랑마을의 대부분 시설물과 같이 300명이 동시에 숙박할 수 있는 생활관으로 지어진 신라관과 한옥형 생활관인 육부촌, 데크캠핑, 주차캠핑장이 모두 경주시가지가 내려다보이는 동향으로 시설돼 전망이 시원하다.
　신라관은 대부분 청소년들의 교육을 위한 프로그램으로 활용된다. 생활관 육부촌은 일반시민들이 예약을 통해 활용할 수 있다. 송화산 중턱에 한옥형으로 마련된 팬션형 휴식공간이다. 육부촌에는 마트와 카페가 있어 편리하다.

산책로

　데크형 캠핑장과 주차캠핑장은 숲속에 있어 쾌적한 휴식공간을 제공한다. 주차캠핑장은 주차하고 바로 옆 잔디에 텐트를 치고 캠핑을 즐길 수 있게 했다. 산속의 고즈넉함과 시원함에 멀리 시가지를 훤하게 내려다보는 즐거움을 선사한다. 캠핑장은 옥녀봉으로 연결되는 등산로, 화랑마을 산책로 등 모든 전시관의 시설물들이 이어져있어 힐링센터로 각광받을 전망이다.
　이 외에도 야외 캠프파이어 시설과 야외무대가 설치돼 단체 행사를 할 수 있는 시설이 있다. 곳곳에 정자가 세워져 있고 자연과 어우러진 조경들이 화랑마을 전체를 공원으로 꾸며놓고 있다. 화랑마을은 경주의 새로운 힐링센터 기능을 담당할 종합체험형 쉼터로 주목받고 있다.

 **교촌마을**

　경주의 교촌마을은 향교가 있어 교촌, 교리, 교동 등으로 자연스럽게 불리고 있다. 교촌마을은 무열왕의 딸 요석공주가 살았던 요석궁이 있던 곳으로 천년 왕궁터 월성에 연접해 있다. 지금도 '요석궁'이라는 전통한식당이 인기다. 계림과 월정교로 이어져 있고, 김유신 장군의 생가터인 재매정, 첨성대, 대릉원, 천관사지, 동부사적지 등의 주요문화유적들이 가깝게 위치하고 있다. 국립경주박물관, 동궁과 월지, 황룡사역사관을 걸어서 둘러볼 수 있는 곳에 있다.
　교촌은 경주시가 2006년부터 2012년까지 일대의 부지를 사들여 교촌한옥마을로 조성했다. 경주향교, 최부자아카데미, 교동법주 등의 시설과 토기제조, 천연염색, 누비, 다도예절, 유리공방, 동경이체험 등의 체험시설이 있다.
　주말이면 광장에는 다양한 공연이 열려 방문객들이 함께 즐길 수 있다. 전통음식과 현대인의 입맛을 자극하는 먹거리들이 마을 곳곳에 있어 경주시민은 물론 관광객들에게 인기를 끌고 있다. 인근지역에 마련된 넓은 주차공간도 주말이면 꽉 찬다. 국내외 단체방문객들의 관광으로 봄부터 가을까지 늘 붐비는 마을이다. 전통과 현대문화가 어우러져 복합문화가 형성되고 있는 새로운 힐링센터로 주목받고 있는 경주 교촌마을 풍경을 둘러본다.

■ 경주향교

　경주향교는 교촌마을의 대표적인 유적이다. 교촌의 동북쪽 끝단에 위치해 동부사적지, 계림, 월성과 연접해 바로 연결된다. 경주의 유림들이 관리하면서 한시백일장을 비롯한 크고 작은 행사를 유치 운영하고 있다. 또 평생학습관으로 학생은 물론 일반인들의 체험행사도 진행하고 있다. 학생들은 다도와 떡메치기, 궁도, 제기차기 등의 체험행사를 비롯해 선비들의 풍류를 배운다.

　경주향교는 지역과 관계없이 전통혼례를 신청받아 결혼식장으로 제공한다. 주중에는 학생들의 선비문화 체험을 주말에는 전통혼례가 진행되는 광경을 자주 보게 된다. 4월21일에도 경주향교에서 가마를 타고 신부가 등장하는 전통혼례가 치러져 가족은 물론 많은 관광객들이 하객으로 참여하는 진풍경을 연출했다.

　경주향교의 정문은 평상시에는 폐쇄해둔 채 후문을 개방해 체험객과 관광객들이 출입하게 한다. 후문으로 들어서면 제법 규모가 큰 돌 우물이 시선을 끈다. 신라시대 우물로 앉은 자세로 물을 퍼서 사용했던 쪽샘이다.

　경주향교는 경상북도에서 가장 큰 향교로, 신라시대인 682년 신문왕이 국학을 설치한 곳이다. 고려시대에는 향학, 조선시대에는 향교로 이어져왔다. 향교

경주향교

동경이 체험관

경주향교 대성전

경주향교 체험

는 1985년 경상북도유형문화재 제191호로 지정되었다. 언제 창건되었는지는 확실치 않다. 고려시대에 현유의 위패를 봉안 배향하고 지방의 중등교육과 지방민의 교화를 위하여 창건했다고 전해진다. 조선시대 1492년에 중수됐다. 임진왜란 때 대성전이 불에 타 위패를 도덕산으로 옮겼다가 1600년 부윤 이시발(李時發)이 대성전, 전사청을 중건하고 위패를 다시 안치했다.

경주향교에는 대성전, 명륜당, 동무, 서무, 전사청, 내신문 등이 남아 있다. 대성전은 정면 3칸, 측면 3칸의 맞배지붕으로 중국의 5성, 한국 18현의 위패를 봉안해 제향하고 있다. 대성전은 보물 제1727호로 지정된 조선시대 건물로 건축연구에 귀중한 자료가 된다.

■ 전통과 혁신 복합문화

공연

경주 교촌마을은 발 닿는 곳마다 아련한 향수를 불러온다. 입구에 들어서면 넓은 광장에서 다양한 공연이 펼쳐지고 마을로 들어서면 전통 골목길이 소담스럽다. 낮은 돌담이 이어지면서 그 끝을 궁금하게 하고, 담 너머 마당이 보이는 한옥들은 갖가지 체험을 준비하고 방문객을 기다린다. 교촌마을은 전통과 현대의 다양한 문화들이 혼합돼 새로운 문화를 창출하는 공간으로 주말이면 방문객들로 발 디딜 틈이 없다.

▶카페사바하 : 간판을 보는 순간 안으로 들어가고 싶다는 유혹을 느끼게 된다. 지금은 카페에 유덕용 초대전이 열려 풍경화들이 다양한 색감으로 분위기를 따뜻하게 데운다. 신라시대 석상조각들이 넓은 정원에 편안하게 자리잡고, 안락의자들이 조형물처럼 야외에 비치돼 있다. 건물 전체가 하나의 공원이자 작품처럼 꾸며져 있고, 다양한 전통차와 커피가 메뉴판을 빼곡하게 채우고 있다.

카페사바하

▶원효의 길 : 원효는 신라시대 고승으로 속성은 설씨이고 법명이 원효, 법호는 화쟁이다. 신라 진평왕 39년 지금의 경산지역에서 태어나 젊은 시절 의상과 함께 당나라로 공부하러 가다가 토굴에서 해골바가지의 물을 마시고 '일체유심조'라는 깨우침을 얻고 신라로 돌아와 책을 펴내며 백성들을 계도했다. 그가 요석공주를 만나 명문장가인 설총을 낳은 곳이 교촌마을이다. 원효의 내력은 월성을 휘감아 흐르는 남천의 월정교 제방에 적혀 있다. 원효가 걸었던 그 길에 노오란 유채가 한창이고 누구나 원효의 길을 걸을 수 있다.
▶200년 전통의 경주 최가네 고택스테이 현수막이 마을안길 토담에 걸려있다. 노블레스 오블리주의 정신을 보여준 최씨 고택에서 나눔의 정신을 느껴보는 고풍스런 분위기의 고택스테이는 어떨까.
▶교동야미야미 : 골목 안을 휘적휘적 걷다보면 이색적인 간판들이 시선을 잡는다. 찹쌀씨앗호떡, 아이스크림씨앗호떡, 아이스크림튀김, 생과일쥬스, 핫도그, 된장, 간장, 밀고추장, 청국장환, 생생청국장, 분말청국장 등의 구수하면서도 생소한 메뉴가 시선을 끈다.

▶석등 있는 집 : 교촌마을을 가로지르는 마을 가운데에 석등이 서있는 간이 식당이다. 전통 수제 약과, 유과, 식혜, 모과차, 유자차, 십전대보차, 아메리카노, 생수, 계절별 아이스티, 팥빙수, 최가네 전통간식 등 전통과 현대가 어우러진 먹거리들이 길거리에서 고소한 냄새를 풍기며 발길을 잡는다.

▶상표 등록된 교촌가람 : 원조 인절미아이스크림, 떡 장인이 매일 아침 직접 떡을 메친 인절미로 만든 수제 인절미아이스크림. 교촌가람은 경주에서 최초로 인절미아이스크림을 만든 곳으로 떡 만드는 모습을 볼 수 있으며 떡메치기 체험도 할 수 있다. 교촌가람 대표는 한국국제요리경연대회 심사위원을 역임했다. 떡과 한과부문에 대통령상을 수상한데 이어 경상북도 마을이야기박람회와 꽃차부문에서도 수상한 이력을 가지고 있다.

▶교촌김밥 : "김밥이 맛있으면 얼마나 맛있겠어?"라는 질문은 먹어보고 하시라. 교촌김밥의 주재료는 계란지단을 가늘게 채 썰어 듬뿍 넣은 것으로 아무나 흉내 낼 수 없는 맛을 선사한다. 주말에는 배고픈 사람들은 교촌김밥 먹기를 포기해야 된다. 김밥을 사기 위해 백미터가 넘는 줄을 만드는 이색풍경속의 주인공이 되기 십상이다. 교촌마을의 익숙한 풍속도의 한 장면이다.

▶경주교동법주 : 국가무형문화재 제86-3호로 등록된 교동 최부자댁에 전해오는 비주로 조선 숙종 때 궁중에서 음식을 관장하는 관직에 있던 최국선이 고향으로 내려와 최초로 빚은 궁중에서 유래된 술이다. 밀 누룩과 찹쌀로 100여 일간 숙성시켜 빚는다. 맑고 투명한 미황색을 띠며 특유의 향기와 단맛을 내는 부드러운 술이다. 기능보유자인 최경은 최국선의 10세손이다.

문화가 있는 체험마을

◀교리김밥

길거리 먹거리▶

체험과 공연, 먹는 것도 전통과 현대가 혼재해 방문객들의 혼을 쏙 빼놓는다. 과거와 현대가 하나로 어우러져 새로운 퓨전 문화와 음식으로 자리매김하며 체험하게 하는 우리나라 전통마을임에는 틀림없다.

■ 공연과 체험행사

경주 교촌마을은 늘 떠들썩하다. 특히나 주말이면 경주문화재단이 추진하는 전통공연과 경주예술인들이 꾸미는 무대가 방문객들의 흥을 돋게 한다.

한복체험

기념품점

▶공연 : 교촌마을은 경주문화재단이 단골로 찾는 곳 중의 하나다. 삼국유사에 등장하는 도깨비를 부리는 비형랑, 전통국악, 신라의 오기를 선보이는 이색 공연 등이 방문객들의 호기심을 자극한다. 우리 역사에 대한 관심을 불러일으키는 신선한 체험을 할 수 있는 공연들이 교촌마을 입구 광장에서 방문객들을 기다린다.

월정교 제방

▶체험 : 누비생활체험, 교촌유리공방, 경주개 동경이 체험장, 토기공방과 토기가마, 창의학습체험장, 가람떡 체험장 현판이 걸린 한옥을 들어서면 누구나 옛사람이 된다. 경주를 입다에서 다양한 한복을 빌려 입고 거리를 나서면 과거로 시간 여행을 떠나는 시간여행자가 된다.

▶교촌홍보관 : 교촌마을을 안고 있는 남천제방을 따라 월정교까지 교촌마을이 형성된 내력과 특징을 소개하는 영상물이 무료로 상영된다. 또 교촌마을의 전경과 교촌마을을 설명하는 자료들이 공감각적으로 전시된 전시관으로 방문객들의 눈을 밝혀준다.

◀교촌마을 광장

■ 최부자의 노블레스 오블리주

◀요석궁

◀최씨고택

　국가민속문화재 제27호로 등록된 경주 최부자댁은 경주 최부자의 종가로 월성을 끼고 흐르는 남천 옆 자락 양지바른 곳에 자리하고 있다. 경주 최부자는 12대 동안 만석지기 재산을 지켜오면서 학문에도 힘을 써 9대에 걸쳐 진사를 배출했다.

　경주 최부자집은 최치원의 17세손이자 조선시대 경주지방에서 가문을 일으킨 최진립 장군으로부터 시작해 광복 이후 모든 재산을 헌납해 영남대학을 설립한 최준에 이르기까지의 12대를 말한다. 지금 후손이 살고 있는 교동의 종가집은 조선 중기 최언경대에 최씨 집안이 경주 내남면 이조리에서 교동으로 이주해 정착하면서 1779년에 건립되었다.

건물은 원래 99칸이었다고 전해진다. 문간채, 사랑채, 안채, 사당, 곳간으로 구성되어 있다. 사당을 안채의 동쪽에 배치하지 않고 서쪽에 배치한 것과 기둥을 낮게 만들어 집의 높이를 낮춘 것, 집터를 낮게 닦은 점 등은 성현을 모시는 경주향교에 대한 배려로 최부자댁 건축양식의 특징으로 손꼽는다.

경주 최부자가 12대 400년 동안 부를 지켜오다가 최준에 이르러 마감한 내력도 훈훈한 이야기로 전해진다. 일제시대에 그는 안희제와 회사를 운영하면서 부채를 떠안으면서도 많은 돈을 상해 임시정부로 보냈다. 일제의 유혹에 응하지 않고 해방을 맞았는데 나라가 망한 것이 부족한 교육 때문이라며 400년 지켜온 재산을 교육재단 설립에 보탰다.

대대로 내려오는 여섯 가지 교훈과 자신을 지키는 여섯 가지 교훈, 집에서 지켜야할 10가지 훈계는 지금까지 전해지고 있다. 최부자댁은 현대판 노블레스 오블리주를 실천한 미덕으로 아름다운 부자로 회자되고 있다. 경주시는 교촌에 최부자아카데미를 건설해 상설 교육기관으로 운영한다. 최부자 정신의 창조적 계승을 통해 지역사회와 국가 발전에 기여하기 위한 목적으로 아카데미를 꾸준히 운영한다.

신라시대 우물

교촌마을은 전통과 현대문화가 같이 어우러져 새로운 문화를 갈구하는 방문객들의 갈증을 해소해 주는 힐링센터로 경주의 새로운 문화관광 아이콘이 되고 있다.

효현리 삼층석탑

 ## 두대마을

두대마을은 경주의 서쪽 낭산자락에 위치한 서현동 율동3리 자연부락이다. '두대'(斗垈)는 신라시대 장씨 성을 가진 만석꾼이 백토산에 올라가 마을을 굽어보니 지세가 쌀뒤주 같이 생겨 붙인 이름이라 전한다. 마을에 350년을 훌쩍 넘긴 보호수 회화나무 두 그루를 당목으로 삼아 음력 정월보름에 동제를 올리고 있다.

지친 마음을 달래는 약은 의외로 작은 것에 있다. 신라 천년왕도의 중심에서 살짝 벗어난 망산자락 두대마을에는 힐링의 명약들이 있다. 불국의 땅으로 천년을 잇게 했던 보물 마애여래삼존입불상, 효현리삼층석탑, 불교를 공인했던 법흥왕릉, 희강왕릉과 민애왕릉 등의 역사 흔적이 곳곳에 숨어 있다. 보물들을 찾아가는 길 자체가 심신을 시원하게 씻어주는 산책길로 연결돼 있다.

오늘을 살아가는 두대마을 사람들도 건강한 삶의 법을 익히고 있다. 마을 전체가 금연을 약속하고 금연마을 선포식을 가졌다. 마을을 찾아오는 이들에게 이정표가 되고, 마을주민들의 자긍심을 드러내 보이는 마을표지석도 화강암에 새겨 마을입구에 세웠다.

이제 두대마을에서는 이별은 없다. 마을을 찾고 떠나던 율동역은 이름뿐이다. 간이역이 폐쇄되고 건물만 흉물처럼 남아있지만 방문객들을 반기던 철쭉은 여전히 붉게 피어있다. 짤그락거리는 자갈길을 걸으며 율동역을 찾아 낭만을 즐겨보는 것도 힐링이 된다.

 두대마을을 돌아 반대쪽의 산자락에 신라 43대 희강왕과 44대 민애왕의 무덤이 편안한 산길에 있다. 마을을 두고 불적과 왕릉들이 빙 둘러 있으니 왕도에서 그리 멀게 느껴지지도 않는다. 오래된 시간의 흔적을 따라 현대를 살아가는 노곤함을 풀어보는 것, 이번에는 두대마을에서 더듬어 본다.

왕릉 가는 길

보호수 회화나무

■ 벽화마을

  두대마을은 경주 시외버스터미널에서 무열왕릉을 지나는 약 5㎞ 서쪽에 위치한 마을이다. 마을입구에 들어서면 '두대마을'이라는 마을이름이 붉은 빛이 감도는 큰 바위에 세로로 새겨져 있다. 마을로 들어가는 길은 영천에서 서경주역으로 가는 기찻길을 건너서 마음의 고향을 찾아가는 느낌이 든다.

두대마을 벽화

  간이역이었던 율동역이 마을 입구에 있으나 지금은 폐쇄되어 완행열차로 오가던 낭만은 옛날이야기가 되었다. 남북으로 길게 이어진 철길은 경주시가지와 마을을 분리하는 느낌을 주지만 오히려 연결된 다리 같기도 하다. 율동역 앞에는 화단에 철쭉이 피어 옛토록 길손을 맞고 있다. 문 닫힌 역사 뒤에는 두레박으로 물을 퍼올렸던 우물이 여전히 맑은 물을 담고 있다. 간이역에서 추억을 떠올려보는 것도 재미있을 듯하다.

  철길을 건너고 나면 곧바로 마을 어른들의 쉼터인 경로당이 나온다. 경로당 앞에서 갈라지는 길 담벼락에는 어린이들이 뛰어노는 모습과 가족들의 따뜻한 분위기를 느끼게 하는 벽화가 길게 그려져 있다. 경주 동국대학교 학생들과 경주지역의 고등학생들이 자원봉사활동으로 참여해 그린 벽화다. 벽화마을로 불릴 정도로 매년 그림이 늘어나고 있다. 올해도 방학이 되면 여지없이 학생들이 벽화를 그리기 위해 몰려올 것이다.

율동역

 마을 뒤로는 정적인 마을 분위기와는 사뭇 다른 경부고속도로가 달리고 있다. 1914년 행정구역 개편 당시 내남면 율동3리로, 1979년 행정구역 개편에는 서현동에 편입되었다가 1986년 행정동 탑정동에 포함됐다. 마을이 형성된 망산 뒤쪽에는 민애왕릉과 희강왕릉이 있고, 길 건너편 효현리에는 삼층석탑과 법흥왕릉이 역사적으로 중요한 마을이었다는 것을 증명하고 있다. 또 마을 남쪽에는 마애여래삼존입불상이 큰 바위에 그리듯 박혀 역사를 고증하고 있다.

■ 율동마애여래삼존입상

 율동마애여래삼존입상은 두대마을이 기대고 있는 망산자락 언덕에 있다. 산속이라 해도 틀린 말은 아닌 위치다. 그러나 마을에서 길을 내어 승용차로도 삼존불을 모시는 암자 턱밑까지 갈 수 있다. 암자 바로 아래 주차장을 마련해두어 편리하게 찾아볼 수도 있지만 마을에서 산책로처럼 개설된 도로를 따라 등산하듯 느긋하게 걸어도 20분이면 도달할 수 있는 곳이다.
 마을 경로당에서 삼존불이 있는 암자까지 가는 길은 대나무숲길, 야생화길, 철쭉과 백일홍 등의 꽃길로 조성돼 산책로로도 제격이다. 특히 삼존불이 있는 암자에 올라 돌아보면 멀지 않은 곳에 산이 막아서지만 전망은 시원하다. 신록이 우거진 여름철 이슬비라도 내리는 날이면 운치는 한층 더한다. 암자에서 곡차라도 내어온다면 누구나 신선이 되어 시를 읊게 될 것 같다.

삼존불은 집채만한 바위에 입체적으로 새겨졌는데 이색적이게 흰 색이 드러나 마치 화장을 한 듯하다. 1963년에 보물 제122호로 지정 관리되고 있다. 암벽에 새긴 일반적인 마애불처럼 본존불의 머리와 상체는 두터운 부조로 새겼다. 하반신으로 내려갈수록 얕게 새겼고 옷 주름은 선각으로 새겨 특이하다. 얼굴은 네모에 가깝게 둥글게 새겼는데 풍만하다. 눈두덩이 두껍고, 입술은 굳게 다물고 미소는 보일 듯 말 듯 희미하다. 오른손은 내렸고 왼손은 가슴에 들어 엄지와 가운데 손가락을 맞대었는데 뭉툭하여 섬세함은 없다. 광배 바깥쪽으로 불꽃무늬를 촘촘하게 새겨 전문가들이 통일신라시대 작품으로 읽는다.

◀율동마애여래삼존입불상

성주암▶

　협시보살은 본존불보다 얇게 새겼다. 일반적인 삼존불의 협시보살이 대칭으로 표현되는 것과 다르게 팔의 위치와 옷자락 처리 등이 다르다. 좌협시보살이 내려뜨린 왼손에 정병을 잡고 있는 것도 특이하다. 본존불은 굴불사지 석조사면불의 서면 아미타불과 양식적으로 유사하다. 신체의 굴곡이 잘 드러나고 육계가 둥글고 낮아진 점, 광배가 두광과 신광으로 나뉜 점으로 보아 굴불사지 석조사면불보다 늦은 시기에 조성된 것으로 해석된다.

　율동의 마애삼존불은 보물로 지정된 만큼 불교적, 문화적 가치가 뛰어나지만 잘 알려지지 않아 찾는 발길이 한산하다. 이 때문에 두대마을을 찾는 방문객들은 조용한 분위기를 즐기며 신라시대 문화와 아름다운 자연을 만날 수 있다.

법흥왕릉과 효현삼층석탑

　두대마을에서 동쪽으로 약 2km 거리에 법흥왕릉과 삼층석탑이 있다. 이곳은 효현리이지만 자연부락이 분리돼 외와마을로 불린다. 임진왜란 때 효자가 난 마을이라 효현리라 불리고, 외와마을은 기와를 굽는 마을 바깥에 있다는 의미다.

　효현리삼층석탑은 전형적인 통일신라시대 양식을 보이는 삼층석탑으로 보물 제67호로 지정되었다. 화강암으로 이중기단 위에 삼층 석탑을 올려 4.6m 높이로 안정적인 모습이다. 탑 꼭대기 부분은 없어진 채로 1973년에 해체 복원되었다. 동경잡기와 삼국유사는 이곳을 애공사지로 설명하고 있어 북쪽의 법흥왕릉을 추정하는 단서가 되고 있다.

　법흥왕릉 가는 길은 등산길이자 산책로다. 모내기철에는 개구리 소리가 와글거려 정겹다. 마을과 가깝지만 동떨어진 야산이라 숲속으로 들어가는 기분이 든다. 이름 모를 새소리가 종류별로 들리고 개체수가 늘어난 고라니도 자주 볼 수 있다. 두대마을에서 승용차로 이동해 주차하고 500여m 걷는 길이 자연 속으로 들어가는 체험길이 된다.

문화가 있는 체험마을

◀법흥왕릉

법흥왕릉 가는 길▶

법흥왕릉은 왕의 업적에 비해 다소 초라하다. 일반 무덤보다는 크게 조성되었지만 흔한 호석조차 보이지 않는다. 법흥왕은 지증왕의 맏아들로 신라시대 처음으로 병부를 만들고 율령을 반포했다. 국가체제를 정비하고 금관가야를 합병해 낙동강 유역으로 신라의 영토를 크게 넓혔다. 건원이라는 신라의 독자적인 연호를 처음으로 사용했다. 또 불교를 공인해 국교로 정하고 신라 최초의 사찰인 흥륜사를 지었다.
　삼국유사에 왕의 무덤은 애공사 북쪽에 있다는 기록에 의해 법흥왕릉으로 추정하고 사적 제176호로 지정 관리하고 있다. 무열왕릉과도 2km 정도 가까운 거리에 있지만 찾는 길은 한산한 편이어서 오히려 힐링코스로 좋다.

■ 민애왕릉과 희강왕릉

　신라 하대 왕위쟁탈전으로 죽고 죽이는 내란이 일어났던 시기가 희강왕과 민애왕 시대부터 본격적으로 진행된다. 희강왕릉과 민애왕릉은 서로 500m 거리를 두고 두대마을 반대편 남쪽 산허리에 있다.
　두대마을에서 남쪽으로 산허리를 끼고 4km 거리를 빙 돌아가면 망성리다. 망성리에는 염불지로 불리는 못을 비롯해 여러 개의 연못이 있어 강태공들이 줄지어 찾아든다. 못 주변에 텐트를 치고 1주일씩 숙식하면서 낚시를 즐기는 팀도 있다. 산과 연못이 어우러져 마을의 정취는 자연스럽게 아름답다.
　왕릉은 망성리 마을안길로 들어가야 진입로를 찾을 수 있다. 유독 이곳의 표지판은 친절하지 않다. 마을안길 전봇대에 매달린 표지판은 엉뚱한 방향을

민애왕릉

가리키고 있어 낯선 탐방객들에게 혼선을 준다. 그러나 일단 진입로만 찾게 되면 시원한 산책로로 조성된 2기의 왕릉을 찾아가는 길은 쉽다. 신라 43대 희강왕릉과 44대 민애왕릉은 마을을 잇는 고개를 경계로 남북으로 갈라져 있다. 왕릉으로 가는 길은 모두 숲속으로 난 오솔길이다. 계절에 상관없이 울창한 소나무숲길을 즐길 수 있다. 간간이 잡목들이 우거져 야생화와 함께 단풍을 즐기는 재미도 있다.

민애왕릉은 호석이 둘러져 규모는 크지 않지만 왕릉으로 품위를 갖추었다. 희강왕릉은 산비탈면에 흘러내릴 듯 흙으로만 봉분을 만들어 왕릉으로의 품위는 찾아볼 수 없고 규모도 일반봉분보다 조금 클 뿐이다. 원성왕의 증손자인 민애왕은 흥덕왕이 죽자 희강왕을 도와 그를 왕위에 세웠지만 자신은 상대등에 머물자 불만을 품고 시중 이홍과 난을 일으켰다. 희강왕을 죽이고 자신이 왕좌에 올랐다. 민애왕은 왕위에 오른 지 1년 만에 장보고의 도움을 받은 우징의 군사들에게 죽임을 당했다. 민애왕을 죽이고 왕위에 오른 45대 신무왕은 1년 만에 병으로 죽고, 그의 아들이 46대 문성왕으로 왕위에 올랐다.

희강왕릉

산세 좋은 곳에서 신라하대 권력다툼의 역사를 들여다보면서 오늘날의 정치현실을 대입해 보는 것도 재미있다. 과거에서 미래를 배운다는 의미를 되새겨보는 힐링의 코스로 괜찮을 듯싶다.

다봉마을 전경

 ## 다봉 마을

경주 다봉마을은 임진왜란 피란의 역사를 안고 있는 첩첩산중마을이다. 23개의 봉우리가 울처럼 마을을 둘러싸고 있다. 들꽃향기 그득하고, 차향이 인정을 담아 넘쳐난다. "자세히 보아야 예쁘다/ 오래 보아야 사랑스럽다"고 불렀던 노래가 다봉마을 야생화를 두고 했던 말인가 싶다.

경주 건천IC에서 청도 방향으로 단석산 옆구리 고개를 넘어 감산마을 표지석에서 북쪽 골짜기로 10리를 들어가야 나오는 마을이다. 송선저수지를 지나는 땅고개 넘는 길은 아카시아 향이 코끝을 파고든다. 건천과 산내면의 경계가 고개 정상이다. 고개를 내려서면 폐교가 나오고 이어 깊은 계곡으로 들어가는 갈림길이 다봉마을의 입구가 된다.

다봉마을은 산내면 감산2리의 자연부락이다. 임진왜란을 피해 들어온 영산신씨(靈山辛氏) 성을 가진 사람이 개척했다고 한다. 조선말기 벼슬에 오른 사람이 있어 장사(長仕)마을, 모래가 귀하다 하여 장사(長沙)마을, 또는 산들이 길게 둘러 누운 뱀과 같다고 하여 장사(長蛇)마을로 불린다. 최근에는 산봉우리가 굽이굽이 접시꽃 형상을 하고 있어 다봉마을로 부른다.

다봉마을은 해발 500m에 있는 산중마을로 집들은 꽃길로 연결되어 있고, 산속에는 온갖 약초와 희귀한 나무들이 울을 이루고 있다. 지금은 농촌체험마을로 지정되면서 야생화심기, 꽃차만들기, 된장만들기, 김치담그기 등등의 다양한 체험을 즐기려는 방문객들로 줄을 잇는다.

다봉마을 입구

돌담길

정원

문화가 있는 체험마을

■ 하늘에 가까워 아름다운 다봉마을

 다봉마을은 10여 년 전만 해도 13가구가 여기저기 울을 치지 않은 채 흩어져 있었다. 지금은 공기 맑고 아름다운 풍경을 따라 몰려든 사람들이 별장 같은 집을 지으며 24가구로 늘었다. 최근에 들어선 집들은 모두가 자연 속에 묻힌 동화 속 집처럼 꾸며졌다. 계곡에서 흘러내리는 자연수로 폭포를 만들고 작은 못을 조성하기도 하면서 마을이 선경을 이룬다.
 다봉마을은 산 중턱에 위치해 지리적으로 높은 곳이지만 지하수의 흐름에 따라 곳곳에 맑은 샘이 솟는다. 마을 입구 쉼터에는 예부터 겨울에도 얼지 않는 샘에 빨래터가 있었는데 지금도 그 흔적이 남아있다.
 다봉마을이 본격적으로 야생화마을로 불리기 시작한 것은 김인영, 김말순 부부가 13년 전 마을로 이사해 오면서부터다. 김김부부는 꽃을 좋아해 처음부터 집과 뜨락에 야생화를 키우기 시작하면서 매년 야생화 전시회를 가져 올해 열 번째 전시회를 열었다. 봄철에 전시회가 매년 열리면서 입소문을 타고 이제는 인근의 포항과 대구, 울산은 물론 대전, 부산, 서울에서도 체험객들이 몰려온다.

전시회를 주관하는 다봉마을 김인영 김말순 부부

할미꽃

야생화 전시회

 전시회에서 김김부부는 그들이 직접 가꾸는 700여 종 3천 점에 이르는 야생화 가운데 300여 점을 뜨락과 정원에 전시해 선보인다. 부부는 "야생화가 아름답게 꽃피우는 모습을 우리만 보기에는 너무 아까워 많은 사람과 공유하고자 전시회를 열게 됐다"면서 "이제는 힘이 들어 처음 계획했던 것처럼 열 번을 채웠으니 전시회는 이제 그만하게 될 것"이라 말해 내년부터는 전시회 구경은 못하지 싶다.
 다봉마을 야생화 전시장에는 희귀한 들꽃들이 아기자기하게 제 자리를 차지하고 있다. 멸종위기식물로 분류된 개불알꽃, 점잖은 선비학자들이 이름지은 복주머니란과 백두산에 자생하는 귀한 백두산 골담초, 솔란, 우리나라에만 서식하는 씨방이 아름다운 부채를 닮은 미선나무, 한 포기가 거의 $10m^2$ 에 이르는 목단도 있다. 공조팝, 해당화와 3종 세트를 이루는 생열기와 인가목, 깨치미로 불리는 고비 등 공부할 야생화들이 줄을 잇는다.

 김씨 부부가 전시하고 있는 야생화는 대부분 순수 우리나라 꽃이다. 그러나 30% 정도는 외래종이다. 일본과 중국 등의 동아시아에서 동시에 자라는 꽃을 두고 순수 우리나라 꽃으로 분류하기 곤란한 것들도 많다는 설명이다.

 다봉마을에서 야생화심기체험을 하고 싶다면 민박집이 꽃집으로 꾸며진 심산유곡으로 차를 몰고 오면 된다. (예약은 풀꽃아지매 김말순 010-3541-4257번이나 경주다봉휴양마을 김인영 위원장 010-3811-6875번으로 문의하면 된다.)

■ 꽃차 만들기 체험

 다봉마을에서는 산골에서나 할 수 있는 다양한 체험이 있다. 일단 울이 없는 민박집에서 밤낮 뻐꾸기 울음, 풀국새 우는 소리 들으면서 숙박해 보는 체험이 좋다. 앞을 보아도 산, 돌아보아도 봉우리가 둘러쳐진 첩첩산중이다. "물이 좋다. 공기가 좋다"는 말은 말할 필요가 없이 그냥 저절로 느껴진다. 헐렁한 고무바지를 걸치고 마루에 걸터앉으면 맞은편에서 푸르름이 눈 안으로 쏙 들어온다. 아무런 생각을 하지 않아도 좋다. 머릿속으로 시원하게 바람이 지나가는 느낌이 든다. 저절로 힐링이 된다.

◀야생화 심기 체험

야생화 체험단지▶

◀서각 전시회

포항 손님들▶

문화가 있는 체험마을

　마을 전체가 민박촌처럼 보인다. 산골동네 풀꽃이야기민박, 수하네민박, 꽃내풀네민박, 범골민박 등의 간판들이 야생화처럼 이름을 걸고 있다. 민박집들은 물론 마을의 집들이 대부분 아담하고 담이 야생화로 꾸며져 마을 전체가 공원 같다. 여기서 장미덩쿨은 잘 보이지도 않는다. 이 마을에서 장미는 촌스럽다. 흔하게 보이지 않던 나무, 풀들이 저마다의 개성을 자랑하듯 소담소담 피어 눈을 호강하게 한다. 산골이라 인심이 후하다. 가격도 착하다. 마당에서 야생화를 즐기며 바비큐 파티는 언제든 가능하다. 황토집, 온돌방이 대부분이다. 식사 주문도 가능하고, 스스로 해먹는 것도 좋다. 꽃차를 즐기거나 도시풍의 아메리카노를 음미할 수 있는 찻집도 있다.

　풀꽃 아지매 김말순 꽃순이와 함께하는 야생화 심기와 야생화 공부하기 체험은 사람과 자연을 이어주는 다봉휴양마을의 대표적인 체험이다. 구수한 재래식 된장담그기 체험, 가을의 김치담그기 체험, 꽃차 만들기 등의 체험은 풀꽃아지매나 김인영 촌장과 상담하면 다 된다. 봄나물 채취 체험은 산딸기를 만날 수도 있어 더 신난다. 머루와 다래도 계절이 맞으면 쉽게 맛볼 수 있는 다봉마을의 선물이다.

　구전되어 전해지는 구수한 이야기도 재미있다. 한지 뜨기 싫어하는 처녀가 시집와서 다시 한지를 뜨게 된 사연, 지네로부터 목숨 걸고 처녀를 지킨 의리의 두꺼비 이야기, 횟골 어깨동무 나무, 샘물과 빨래터 등의 이야기들은 밤 새워 들어도 재미있는 다봉마을의 전설이자 현실이 녹아 있다.

■ 둘레길

다봉마을 자랑거리 중의 하나로 둘레길을 꼽을 수 있다. 처음 둘레길로 소개되던 마을을 순환하는 도로는 이제 풀이 우거져 다니기가 곤란하다. 대신 마을 뒤로 이어진 무명봉의 임도를 마을사람들은 둘레길로 추천하고 안내한다. 흔한 이름 하나 얻지 못해 무명봉이 된 산이지만 왕복 4㎞, 또는 조금 넓혀서 6㎞를 걷다보면 충분하게 힐링하고, 활력소가 된다.

무명봉으로 자박자박 오르다보면 장사마을로 불렸던 연유도 알게 된다. 큼직한 돌들이 축대처럼 짜여진 돌산임을 알 수 있다. 숲이 우거져 자세히 보지 않으면 알 수도 없지만 자갈을 뚫고 나무와 풀들이 돋아났다. 모래를 보기 어려운 지역이다.

무명봉은 해발 740m로 아주 높은 편은 아니지만 경사가 심해서 정상을 보려면 가쁘게 호흡을 몰아쉬어야 한다. 마을을 벗어나기 바쁘게 바위산의 특징을 알려주는 곰바위가 있다. 곰바위는 어린 곰이 산 정상으로 기어오르는 모습인데 머리부위에 월계관인양 담쟁이 넝쿨이 둘려져 있어 신비롭다. 높이 오르면 숲이 우거져 마을 전경을 감상하기 어렵지만 등산을 시작하면서 돌아보면 병풍처럼 둘러쳐진 산 속에 마을이 고요하게 잠겨 있는 모습을 감상할 수 있다.

올라갈 때는 마주하는 야생화들과 눈 맞추기에 바쁘다. 마을 전경 감상은 돌아올 때 하는 것이 좋다. 일부러 고개를 들지 않아도 시원하게 조망되는 봉우

리들의 물결쇼를 보게 된다. 봄에는 층층나무들이 층층별로 노란색 꽃을 피워 지나는 바람에 파도춤을 춘다, 얼핏보면 이팝나무 같지만 자세하게 보면 잎의 모양이 다르고, 층층마다 가지를 벌려 꽃을 피운다. 가을은 단풍으로 온 마을이 불탄다.

다봉마을 둘레길

둘레길은 새로운 숲 체험으로 마음을 들뜨게 한다. 잎이 둥글고 꽃이 초롱처럼 달리는 쪽동백을 비롯 이름 모를 야생화들이 둘레길을 따라 둘레둘레 피어나 연신 카메라렌즈를 들이대게 한다. 요즘 흔하게 볼 수 없는 엉겅퀴는 마을은 물론 길섶 어디에서든 보라색 꽃을 피우며 엉성한 가시를 세우고 있다.

다봉마을의 단풍은 특이하다. 한뿌리에서 여러 줄기가 올라와 잎이 무성하여 화려하게 흔들린다. 다봉마을에는 다른 곳에서는 쉽게 볼 수 없는 나무들이 자생한다. 자작나무와 헛개나무가 대표적으로 소개된다.

자작나무는 둘레길 끝부분에 군락을 이루고 있다. 무명봉 정상에서 1㎞ 남짓 서쪽 내리막길을 걸으면 줄기에 흰 갑옷을 두른 자작나무들이 빽빽하게 둘러서 마음까지 시원하게 한다. 산행이 익숙치 않은 사람들은 무명봉 정상까지만 둘러보기를 권한다. 내리막으로 내려서면 처음 만나게 되는 풍경이 층층나무들이다. 가지가 층을 이루며 풍성하게 꽃을 피워 양편에서 손을 잡아 아취를 이루며 그늘길을 내준다. 자작나무 숲은 그 끝에 있다. 자작나무는 줄기의 껍질이 종이처럼 하얗게 벗겨진다. 연인들이 사랑의 글귀를 주고받는 낭만적인 나무다. 껍질은 기름기가 많아 잘 썩지 않으며 신라시대 고분 속에서 자작나무 껍질에 글자를 새겨 놓은 것이 발견되기도 한다.

산이 깊어 멧돼지가 자주 나타나니 주의해야 된다. 야생 천마를 비롯한 약초들이 지천으로 서식한다. 약초나 야생화를 잘 아는 탐방객이라면 귀한 약초를 만나는 횡재를 할 수도 있다. 곳곳에 오동나무가 보라색 꽃을 피우고 있다. 개두릅도 지천이다. 산골에 살다 도시로 나간 도시민이라면 진한 향수를 느끼기에도 좋은 곳이다.

▲둘레길 자작나무 숲 체험

빨래터로 불리는 마을 쉼터▲

또 다봉마을 주변에는 볼거리가 많다. OK목장과 단석산국립공원, 편백나무 숲, 청룡폭포 등의 국보급 체험문화를 즐길 수 있는 곳이 10여분이면 닿을 수 있어 다봉마을은 힐링의 보물섬 같은 곳이다.

세심대 건너는 외나무다리

 **옥산 세심마을**

　회재 이언적 선생이 생전에 학문을 연구하며 유유자적하던 경주 옥산리 세심마을은 농촌진흥청이 지정한 전통테마마을이다. 세심마을은 자옥산과 도덕산, 무학산, 화개산 등의 산봉우리가 병풍처럼 둘러쳐진 심산유곡이다. 옥산서원과 독락당을 비롯한 정혜사지 13층석탑, 옥산서원 하마비 등의 문화유적이 곳곳에 널려 있는 곳이기도 하다.

　옥산 세심마을은 활쏘기와 칼국수 만들기, 전통예절체험, 제기차기, 떡메치기, 두부 만들기 등의 다양한 체험활동을 할 수 있는 곳이다. 전국에서 학생은 물론 기업인들까지 단체로 몰려 북적거린다. 한꺼번에 100여 명씩 단체로 올 때는 운영진들은 동분서주 진땀을 흘리곤 한다. 자옥산과 도덕산에서 흘러내리는 마르지 않는 맑은 물줄기는 청석바위와 어우러져 절경을 연출한다. 계곡을 지나 보물과 국보 등의 문화유적을 둘러보는 역사문화탐방코스는 전국에서도 으뜸이다.

　전통문화의 향기를 맡으며 체험마을을 둘러보는 둘레길도 저절로 힐링이 되는 편안한 마을이지만 자옥산으로 올라 도덕산과 무학산, 화개산을 돌아오는 등산길은 7~8시간이 소요되는 인근에서는 찾아보기 어려운 난코스이기도 하다.

■ 옥산 세심마을

  경주시 안강읍 옥산 1리부터 3리까지 이어지는 자연부락은 옥산마을과 세심마을로 나누어진다. 옥산과 세심마을이 모두 전통체험마을로 등록된 조선시대의 전통마을이어서 늘 방문객들로 북적거린다. 포항에서 안강읍을 지나 영천으로 이어지는 28번 국도를 가다보면 옥산서원으로 들어가는 마을길이 나온다. 계곡을 따라 3㎞ 지점까지 마을이 이어져 있다. 옥산서원이 있는 옥산 1리와 옥산 2리 일대가 세심마을로 역사문화체험마을이다.

  세심마을은 신라시대부터 옥천으로 불리다 여강 이씨 회재 이언적 선생이 거주하면서 옥산으로 개명해 오늘까지 이어진다. 1532년 이언적 선생이 고향마을에 옥산정사 독락당을 짓고 이어 계정을 지으면서 계정마을, 계정동으로도 불렸다. 지금 행정구역상으로 옥산 1리다.

  옥산리는 주변 경관이 빼어나 마을을 둘러싸고 있는 산과 바위에 이언적이 사산오대(四山五臺)라는 이름을 붙였다. 마을 동쪽의 화개산, 서쪽 자옥산, 남쪽 무학산, 북쪽 도덕산이 사산으로 마을을 에워싸고 있다. 마을을 가로지르는 옥계천 주변의 경관이 수려한 세심대, 관어대, 탁영대, 징심대, 영귀대가 오대로 불리는 바위가 풍경의 주인공이 된다. 북쪽에서 남쪽으로 흘러 형산강에 이르는 작은 개울은 옥계천 또는 자계천으로 불린다.

옥계천에 지어진 계정

▲세심대(퇴계 이황의 글씨)

계정 가는 길▶

　세심마을은 옥산을 방문하는 모든 이들이 마음을 깨끗하게 하고 맑은 심성을 가질 수 있도록 한다는 뜻의 세심대에서 가져온 이름이다. 세심대는 독락당에서 옥산서원으로 건너가는 자계천 가운데 넓게 자리 잡고 있는 바위다. 퇴계 이황의 글로 세심대(洗心臺)라 선명하게 새겨져 있다.
　세심마을은 4계절이 뚜렷하다. 봄이 오면 진달래, 개나리, 자목련이며 생강꽃이 피어나면서 마을을 에워싼 산에서 뻐꾸기 소리가 밤낮으로 들려온다. 여름에는 마을 가운데 길게 이어진 들판에 벼와 함께 온 산이 푸르게 변한다. 자계천은 깊어져 물소리를 키우고 쉬리, 가재와 같은 맑은 물에 서식하는 고기들이 유유자적 노닌다. 여름이면 자계천을 따라 피서객들이 빼곡하게 진을 친다. 아무래도 세심마을의 풍경은 가을이 최고다. 느티나무와 은행나무 등의 활엽수들이 천연색 단풍으로 물들어 와본 방문객들은 지인들을 데리고 다시 방문하게 한다. 겨울의 세심마을은 여느 마을풍경과 크게 다를 바 없다. 그러나 계곡에 얼음이 얼면 숲이 우거지고 물이 깊어 어려웠던 계곡탐방이 가능하다. 주변 역사문화유적과 함께 바위와 얼음계곡이 빚어내는 자계천 계곡탐방은 색다른 정취를 선물한다.

사계절 아름다운 역사문화체험테마가 있는 세심마을은 힐링의 으뜸으로 손꼽힌다. 특히 여름철과 가을 단풍철에는 피서객과 등산객, 체험마을 탐방객들로 마을안길까지 차량행렬이 이어진다.

■ 한복입기, 활쏘기 체험

세심마을은 농촌전통테마마을로 이름이 전국에 알려져 있다. 유치원생, 초중고교 학생들과 기업체 등의 일반인들도 단체로 체험하려는 발길이 줄을 잇는다. 지난 5월17일에는 농협과 네트워크로 연결된 여행객 90여명이 떡메치기, 활쏘기, 문화탐방 등 세심마을 체험행사에 참여했다. 또 10일 오전에는 경주 나산초등학생 90여명, 오후에는 코레일에서 40여명이 다양한 체험행사를 즐겼다. 손수건 풀잎염색체험, 떡메치기 등 옥산서원 역사문화탐방행사와 체

활쏘기 체험

한복입고 예절배우기

손수건 풀잎염색

마을입구 쉼터

험은 좋은 힐링코스가 되었다. 다문화가정의 가족들은 한복입기와 전통차문화, 예절 등에 대한 체험행사를 하려고 많이 온다. 활쏘기는 남녀노소 모두가 즐기는 체험프로그램이다.

세심마을에서의 농촌체험은 계절별로 내용이 다르다. 감자 캐기, 부추 수확하고 전 부쳐 먹기, 고구마 캐기 등은 수확시기에 맞아야 가능하다. 피자와 쿠키 만들기는 청소년들이 좋아한다. 칼국수 만들기, 두부 만들기, 백등 만들기와 탑돌이, 제기 만들어 차기, 활쏘기, 손수건 풀잎 염색하기는 사계절 가능하다. 또 나만의 도자기 만들기 체험과 된장, 간장 만들기에 이어 만들어진 된장을 구매하는 것도 재미다.

식사는 주문해서 먹을 수 있다. 대부분 하루 체험으로 진행되지만 1박2일 코스의 체험이 알차다. 한복 입고 예절 배우기와 과거보기 체험도 재미있는 프로그램으로 손꼽힌다. 문과는 옥산서원 등의 주어진 시제를 통해 글짓기로 과거를 체험한다. 무과는 활쏘기와 고리던지기, 제기차기로 성적을 매긴다.

이언적 선생이 기거하던 독락정과 계정, 후학들이 공부하고 향사를 올리던 옥산서원에서 마음의 때를 씻어내며 농촌체험을 하는 휴양마을 세심마을. 홈페이지와 전화 054-762-6148로 문의하면 상세하게 안내받을 수 있다.

■ 공감카페와 곤드레밥

세심마을로 들어서는 진입로는 편도 1차선 도로가 남북으로 길게 이어져 있다. 도로 양쪽으로 가로수가 줄을 서 있고, 모내기 준비로 물을 가득 담은 논

논바닥에 벌써부터 개구리소리가 정겹게 들린다. 마을 입구에 들어서면 왼편에 소나무 숲이 우거져 있고, 운동기구와 산책로가 조성돼 마을사람은 물론 피서객들의 쉼터가 된다.

마을이 역사문화탐방객들과 여름철 피서객들로 방문객이 늘어나면서 카페와 식당들도 생겨나 저마다 색다른 맛을 자랑하고 있다. 마을입구에는 구판장 같은 옛날 건물에 '커피' 간판을 내걸었다. 상큼한 반란 같다. 커피 향기 가득한 아메리카노, 까페라떼를 주문하는 손님들이 줄을 선다. 공방을 겸한 카페, 파전과 동동주를 판매하는 가게들도 다닥다닥 붙어 손님들을 유혹한다.

옥산서원과 독락당으로 가는 길이 갈라지는 삼거리에는 오래된 나무들이 줄지어 서서 그늘을 만든다. 역사문화탐방 고장의 전속 인테리어 같다. 왼쪽으로 작은 개울을 건너면 근사한 2층 건물이 시선을 붙잡는다. 1층은 통유리로 운치를 더했으며 말린 꽃 등으로 예쁘게 인테리어를 하고 커피와 꽃차, 한방차 등의 다양한 메뉴를 주인 부부가 주문대로 척척 내온다. 바로 옆에는 메뉴가 다양한 한정식 식당이 있어 탐방객들의 식욕을 돋운다.

◀찻집 공감

공감과 도자기▶

안으로 더 들어가면 논두렁길이 있는 농촌풍경이 이어진다. 다소 좁은 길을 따라 산속으로 들어가다 보면 계절별 꽃들이 피어있는 별장 같은 주택들이 이어진다. '농촌체험 세심마을'이라는 간판이 곳곳에 세워져 있다.

'토산정'이라는 한방오리집과 곤드레밥집이 있고 'COFFEE cafe 공감'이라는 간판을 문화재처럼 내건 마당 넓은 2층 집이 나온다. 1층에서 식사를 하고 2층 전망 좋은 곳에서 삼삼오오 수다삼매경에 빠지거나 세심마을의 전경에 넋을 놓는다.

◀마을안길

하마비▶

독락당 쪽으로 조금만 더 들어가면 '청정'이라는 간판이 논둑길 건너 한옥에 걸려 있다. 정통 한식요리를 맛깔나게 차려내는데 예약손님만 받는다. '소담', '옛고을' 등의 식당은 손칼국수, 새싹비빔밥, 묵, 추어탕, 해물파전, 코다리찜 등의 다양한 메뉴와 대추차, 생강차, 녹차, 발효차, 보이차, 메밀차 등의 차류도 손님의 취향에 맞춰 내놓는다. 세심마을은 산 속에 묻힌 산촌이지만 전통한정식에서부터 현대식 퓨전음식까지 구색을 맞추고 있어 누구나 편안하게 힐링할 수 있는 오래된 현대식 마을이다.

■ 역사문화 탐방로

　경주는 신라 천년의 향기가 곳곳에 묻어나는 도시다. 그러나 세심마을에는 조선시대 이후의 문화유적이 대부분이다. 정혜사지 13층석탑은 국보 40호로 세심마을 위쪽에 위치해 있어 역사문화탐방의 꼭짓점이 된다. 그 위에는 장산서원, 다시 세심마을로 내려오면서 보물로 지정된 옥산정사로도 불리는 독락당이 있다. 세심마을 이복희 사무장은 독락당 툇마루에 앉아 자계천을 바라보는 체험은 반드시 해보라고 권한다. 독락당 동쪽 벽의 문을 열어 제치면 자계천과 경계를 긋고 있는 돌담에 창틀을 만들었다. 돌담의 창틀로 보이는 자계천

세심마을 약도

은 자연 그대로 한 폭의 산수화가 된다. 특이하고 지혜로운 건축공법으로 최근에 주목받고 있다. 개울에서 불어오는 시원한 바람을 맞으며 글을 읽고 쓰며 마음을 씻어 내렸으리라.

▲독락당 돌담장의 이색적인 창틀

독락당 골목▶

마을길을 총총 걷다보면 담벽에 그려진 그림이 보인다. 조선시대 마을의 전경을 담고 있어 발걸음마다 즐거움이 솟는다. 개울물소리를 들으며 옥산서원으로 건너는 외나무다리에서 보는 세심대, 하얗게 떨어지는 폭포수, 청석으로 둘러싸인 깊은 물이 소용돌이치며 흐르는 개울은 마음을 헹구어 준다. 논두렁 길 끝에 박혀 우뚝 선 '하마비'는 또 다른 감회에 젖어들게 한다. 세심마을체험은 역사 속으로 들어가 미래를 배우게 하는 힐링코스로 인기다.

고추장 담그기 체험

 ## 하범곡마을

  경주 하범곡마을은 토함산의 호랑이가 놀다 갔다는 이야기가 전해지면서 하범곡 또는 하범실로 불리고 있다. 하범실은 토함산 7부 능선에 위치한 첩첩산중의 산골마을이다. 마을에서 토함산 석굴암 입구까지 이어지는 산책로 같은 등산길은 약 3㎞ 거리의 편안한 임도로 열려 있어 방문객들이 많은 편이다. 벌써 10여 년째 농촌체험휴양마을로 운영되고 있어 국내는 물론 외국까지 알려져 체험객들의 발길이 꾸준히 이어지고 있다. 고랭지 특성의 농작물들과 자체 생산한 농산물을 이용한 토속적인 체험행사가 인기다.

  하범곡마을은 산골마을이 가진 신선하고 고전적인 향기와 함께 주변의 풍부한 역사문화자원이 있어 더욱 유명세를 타고 있다. 불국사와 석굴암을 지척에 두고 문무왕릉과 이견대, 감은사지, 주상절리 등의 동해안 절경이 눈앞에 펼쳐진다. 골굴사, 기림사와 같은 역사 깊은 고찰과 보문관광단지도 가깝다. 또 토함산을 넘어오는 추령재, 왕의 길, 백년찻집, 장항사지 오층석탑, 최근에는 한수원이 바로 마을 입구에 초현대식 건물로 들어서 접근성도 좋아졌다. 지금도 해가 지면 금방 무서운 짐승이 나타날 것 같은 첩첩산중 하범실마을이 현대인들의 삶을 넉넉하게 하는 힐링 명소로 떠오르고 있다.

하범실마을

　하범실마을에는 24~25 가구가 옹기종기 모여 살고 있다. 우리나라 농촌 어디를 가나 비슷한 상황이겠지만 하범실도 대부분 나이 많은 어른들이 마을주민이자 주인이다. "저 할망구들은 의리도 없어요. 범이 옆에 떡허니 앉아 있는데 나를 혼자 내버려두고 즈그들끼리 도망가버렸어." 아주 오래 전 이야기지만 요즘도 할머니 서넛만 모여 앉으면 심심찮게 듣게 되는 할머니의 토라진 푸념이다. 하범실에 범이 살았었다는 이야기를 사실로 인정하게 하는 전설 같은 체험담이 지금껏 전해지고 있다.

　예로부터 호랑이가 자주 나타나 호실로 불리다가 후에는 범실로 불렸다. 또 마을을 둘러싸고 있는 바위가 호랑이가 누운 모양이어서 호곡, 범곡으로 불렸는데 현재 행정구역상 정확한 지명은 경주시 양북면 범곡리다. 범곡은 자연부락인 아랫마을과 윗마을로 나뉘고 하범실이 농촌체험마을로 선정되면서 10년째 마을에서 생산되는 농산물로 체험행사가 진행되고 있다.

　하범곡마을은 양북면 장항리 한국수력원자력 본사 건물이 들어선 바로 뒷산에 위치해 있다. 길이 좁아 마주 내려오는 차와 교행을 예측하면서 운전해야 된다. 갓길에 잠시 차를 대고 돌아보면 문무대왕과 동해가 멀리 시야에 들어온다. 마을에 들어서면 먼저 마을회관이 2층 건물로 단정하게 앉아 있고, 반듯하게 선이 그어진 주차장은 산골마을 답지 않게 깔끔하다.

　약초가 재배되는 사유지이므로 약초의 무단채취를 금지한다는 푯말이 곳곳에 보인다. 약초가 많이 나는 지역이라는 것을 알 수 있다. 동해의 바닷바람에 양지든 음지든 다양한 약초들이 자생하거나 재배하기 좋은 조건이겠다는 생각을 해본다.

문화가 있는 체험마을

◀ 마을회관

◀임도 둘레길

◀동산령 둘레길

■ 토함산둘레길

　세계문화유산인 불국사, 석굴암으로 이어지는 하범곡마을 뒷동산 오르는 길이 토함산 둘레길이다. 세계 역사문화의 도시 경주시가지에서 불과 1시간 거리도 안 되는 마을이지만 첩첩산중에 있는 오지마을이다. 그래서 더욱 신비스러운지도 모른다.

　하범실에서 석굴암으로 오르는 둘레길은 두 갈래로 나누어진다. 하나는 경북 산림환경연구소가 만든 3km 거리의 임도다. 경사가 가파른 산길이어서 대부분 포장이 되어 있지만 일반 승용차로는 곤란하고 SUV라면 드라이브를 즐기며 갈 수 있는 코스다. 차를 타고 10여분 만에 그냥 지나쳐버리기에는 아까운 코스다. 곳곳에 산딸기와 하범실이 자랑하는 오디를 따먹는 기쁨을 맛보려면 걸어서 가는 것도 좋겠다. 임야에 길을 내면서 흙더미가 그대로 드러나 있는 곳도 있고 밭을 일구고 있는 곳도 있다. 뱀이 많이 나온다는 뱀밭과 그 아래로 주막터가 있다. 주막터에는 팔각정을 지어 쉼터가 되고 있다. 이 길은 옛날에는 과거길에 오른 과객이 지나던 길이자 양북과 감포에서 경주시가지로 들어가는 길이기도 하다. 빠른 걸음이라면 왕복 2시간이면 다녀올 수 있는 길이다.

또 다른 둘레길은 동산령을 넘는 길이다. 동산령은 신라시대 경주의 오악 중 동쪽의 산 동악 토함산에서 동해로 이어지는 고갯길을 말한다. 당시 고갯길이 동산령으로 하범실에서 석굴암으로 이어지는 등산길인 것이다. 동산령은 불국동의 진티에서 시작해 참물내기를 넘어 하범실을 거쳐 동해 장향원들 요광원까지 이어지는 길이다. 요광원은 신라로 들어오는 외지인들을 방문 목적에 따라 차단하던 국경의 경비를 맡던 곳인 동시에 신라의 동쪽 관문으로 왜구들이 신라로 쳐들어오는 길이 되기도 했다. 신작로가 생기기 전까지는 바닷가 사람들이 경주시내로 드나드는 주요통로였다.

경사가 가파르게 이어지는 등산로이지만 넓게 닦여 있어 길을 잃어버릴 걱정은 없다. 최근에는 제초작업이 잘 되지 않아 여름과 가을에는 뱀과 같은 독충을 조심해야 된다. 오디와 산딸기, 머루, 다래가 탐나도 가급적이면 한여름부터 가을에는 조심하는 것이 좋다. 하범실마을 힐링의 백미 중의 하나로 석굴암과 토함산 정상으로 이어지는 둘레길을 추천하는 마을사람들의 마음을 알 것 같다.

산딸기 체험

뽕나무 오디

■ 고추장만들기 체험

경주 하범실마을에서의 농촌체험은 유별나게 인기를 끈다. 마을은 고랭지 기후에 가깝다. 마을에서 재배되는 콩과 고추, 쌀, 오디, 뽕잎, 더덕, 야콘, 산나물 등 생산된 농작물로 된장, 고추장, 장아찌류를 직접 만들고 시식할 수 있기 때문일 것이다. 고추장 만들기와 된장 만들기, 두부 만들기 체험은 사계절 어느 때든 예약만 하면 가능하다. 이 체험은 마을주민들이 직접 생산한 농산물을 수매해 진행되기 때문에 더욱 전통적인 맛을 느낄 수 있으면서 건강식으로 주문이 이어지고 있다.

동산령의 원시림 탐방체험은 지금은 제초작업이 이루어지지 않아 아직은 어렵지만 이 문제가 해결되면 인기 프로그램으로 예약이 이어질 것으로 기대된다. 계절별 농산물 수확 체험도 이색적이다. 고구마 캐기, 감자 캐기, 뽕잎과 오디 따기, 산딸기 따기 체험은 마음도 즐겁지만 입도 덩달아 즐겁게 한다. 어린이는 물론 어른들도 체험 삼매경에 빠진다.

　더덕과 콩, 오디, 돌복숭아, 쑥, 홍초, 달맞이꽃, 솔잎, 매실 등으로는 장아찌 담그기와 엑기스류 음료 만들기 체험을 할 수 있다. 자신이 수확한 열매와 채소 등으로 직접 장아찌를 담그고, 엑기스를 만들어 먹는 재미는 농촌체험이 주는 보람이다. 이 때문에 울산과 부산 등지의 몇몇 주부들은 매년 단골로 체험행사에 참가하고 있다. 인기 체험종목으로 예약이 줄을 잇던 산양산삼체험은 시설 노후로 중단됐다.

　역사문화도시 경주 중심에서 1시간이면 갈 수 있는 거리지만 산골운치와 고향에 대한 향수가 진하게 묻어나는 곳이다. 하범실마을에서의 농촌체험행사에 내국인은 물론 외국인들의 발길도 이어지고 있어 전망이 밝다. 그러나 올해 포항 지진 여파로 외국인 단체 체험객 48팀 1천여 명의 예약이 취소돼 체험팀 관계자들을 안타깝게 했다.

■ 하범실마을 황지운 위원장

　하범실마을 농촌체험행사를 총괄하고 있는 황지운(여, 59) 위원장은 도시 주부였다. 울산에서 공기 좋은 하범실로 산나물을 사러 왔다가 경치에 반해 그만 이사를 와 살게 됐단다. 황위원장이 마을로 이사와 농사를 짓고 마을 주민들과 어울리기 시작하면서 마을에 변화가 시작됐다. "이 좋은 환경에서 자란 농산물을 우리만 먹기에는 너무 아깝다는 생각과 마을주민들의 소득증대를 위해 뭔가를 해야겠다는 생각에 체험행사를 기획하게 되었다"고 말하는 황 위원장은 "이제는 너무 힘이 들어 고생입니다"라며 웃었다.

　황 위원장은 우선 주변 사람들과 어울리는 것부터 시작했다. 마을주민들과 농사를 함께 짓고, 이웃마을의 다문화가족들을 초청해 전통음식 만들기 체험행사를 하면서 우리나라 문화를 알리고 적응을 도왔다. 선덕로타리와 자매결연을 체결해 고정적인 연례행사로 다문화가족들의 체험행사를 진행하면서 전통문화 교육 등 봉사활동도 전개하고 있다.

황 위원장은 "하범실마을 체험행사를 주관하면서 마을에서 직접 재배한 콩을 전량 수매한다. 우리지역에서 생산된 콩으로 된장을 담그고, 메주를 만들고, 두부를 만드는 체험행사를 진행하기 때문에 참여하는 사람들이 단골이 된다"고 말했다. 또 "마을주민들도 고구마 캐기와 땅콩 캐기, 산딸기 따기 등의 체험행사에 직접 참여하고 있다"고 소개했다. 100년이 넘은 뽕나무는 마을 가운데 전설처럼 우뚝 서있다. 이 뽕나무를 비롯한 마을 곳곳에 자생하는 뽕나무에서 채취한 오디를 발효시켜 만든 효소를 체험행사에 사용하는 것도 하범실의 자랑이다.

백년된 뽕나무

그녀는 또 둘레길 제초작업과 산양산삼체험실 등의 노후된 시설보수 등에 대한 현실적인 지원사업을 건의하는 마을주민들의 의견을 행정기관에 제안했다. 이어 "우리 주민들은 안전하다고 느끼고 있지만 지진여파로 예약을 취소하고 있는 여행사, 외국인들에 대한 적극적인 홍보 등의 대책이 절실하다"면서 중앙정부 차원의 지원을 당부했다.

이웃이 된 한수원에도 마을 자원을 알려 한수원 직원들도 둘레길 등산을 즐기면서 하범실마을의 체험행사에 하나 둘 참여하고 있다. 도심지와 가까운 곳에 위치해 있지만 전통마을의 순수함과 깨끗한 농촌마을의 체험을 제공하는 하범실은 경주가 자랑하는 힐링 명소 중의 하나로 손꼽힌다.

명주전시관

오디 열린 뽕나무가로수

두산 명주마을

  경주 두산마을은 토함산 줄기를 따라 동해 바다에 이르기 직전의 해변에서 십리 정도 떨어진 산촌이다. 예부터 누에를 먹여 손명주를 짜던 사람들이 살던 곳이다. 비단을 짜서 올린 소득으로 삶을 영위하며 자녀들의 학비를 마련하던 농촌이다. 바다가 지척이지만 호랑이가 늦게까지 발견되었던 범실마을과는 이십리길이며 토함산의 한 줄기로 이웃이다.

  이 마을에서는 신라시대부터 비단이 생산되었을까? 비단길인 실크로드의 동쪽 끝이자 시작점이 신라였다는 연구가 설득력 있게 다가온다. 우리나라에서 손명주를 생산하고, 기술을 전수하며 체험관과 전시관을 갖춘 곳은 바로 경주 양북면의 두산리 양지마을로 불리는 명주마을이 유일하다. 까마득하게 잊혀져가는 손명주를 생산하는 과정을 체험하고, 누에 재배와 고치에서 실을 뽑아 비단이 만들어지기까지의 과정을 직접 볼 수 있는 명주마을을 둘러보는 것은 마음을 편안하게 한다. 어디에서도 체험 할 수 없는 특별한 쉼터, 명주마을에서의 힐링로드를 가본다.

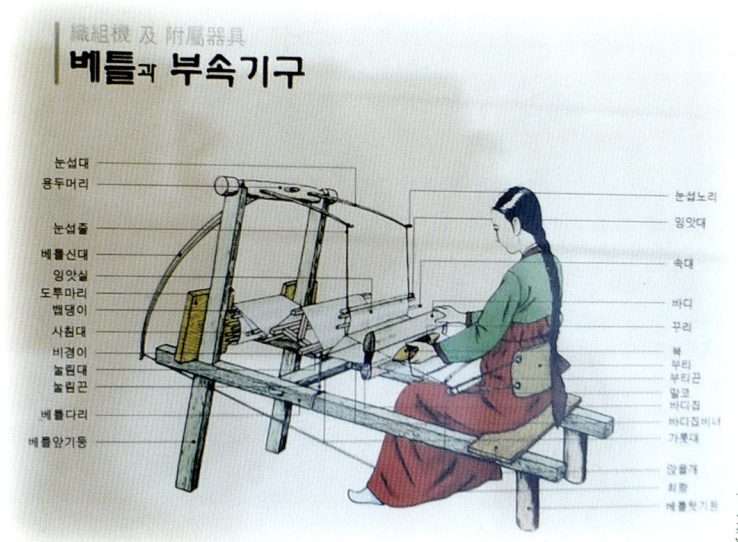

■ 두산리 명주마을의 비단

경주 양북면 두산리는 산이 북두칠성처럼 마을을 에워싸고 있다. 산의 봉우리가 일곱 마리의 말 머리처럼 생겼다 하여 북두이(北斗伊), 두이봉(斗伊奉)이라 부르며 마을 이름을 두산리(斗山里)라고 지었다. 마을이 동남향으로 인근 야산에 뽕이 자생하고, 농지에 뽕나무를 심어 명주를 생산하기에 적합한 곳이다. 명주는 누에고치를 원료로 하여 만든 옷감으로 비단을 말한다. 광택과 촉감이 좋고 부드러우면서 따뜻하다. 특히 손으로 만든 명주는 귀해서 값이 비싸다.

삼국지나 후한서 등의 기록에 명주는 이미 2~3세기 동예, 마한 등에서 제조되고 있었던 것으로 짐작된다. 신라초기 박혁거세도 육부촌을 둘러보며 농사와 양잠을 장려했다는 기록이 있다. 신라 유리왕 때 길쌈을 장려하기 위해 해마다 7월15일부터 편을 갈라 길쌈내기를 시작해서 8월15일 한가위에 승부를 가렸다고 전한다. 신라의 길쌈은 고려시대로 계승되면서 가내공업으로 발전했다. 또 국가에서 관영기업으로 틀을 잡아 비단을 짜는 잡직서, 염색을 담당하는 도염서를 두어 비단을 생산했다. 길쌈은 농경산업과 함께 발달해온 중요한 생활 수단으로 농가소득원의 큰 부분을 차지했었다. 이러한 명주 생산기술을 전통적인 방식 그대로 오늘날까지 계승, 발전시키고 있는 유일한 손명주 생산 마을이 두산리 명주마을이다.

최근 경북도와 경주시가 문화융성사업으로 복원하고 있는 문물의 세계적인 교역장인 실크로드는 신라시대부터 이미 형성되었다. 아시아와 중국, 지중해를 연결하는 무역의 길로 중국의 비단이 서방으로 운반되었기 때문에 비단길, 실크로드로 불리는 길이다. 비단길의 동쪽 끝이 경주라는 보고서들이 쏙쏙 들어오고 있다. 이 비단길을 통해서 불교와 간다라 미술이 중국으로 전파되었다. 인류문명의 통로였던 실크로드는 지중해, 중국을 통해 신라로 이어져 있었던 것이다. 서역에서만 생산되었던 것으로 짐작되는 유리잔 등의 유물이 경주지역 고분에서 발굴된 것이 이 사실을 입증한다 하겠다.

  누에고치에서 실을 뽑아 손으로 비단을 짜는 생산과정이 힘들어 우리나라에서는 손명주 생산이 서서히 사라졌다. 그러나 100% 전통적인 수공으로 이루어지는 손명주 생산기술이 경주의 두산마을에서 전승되고 있어 무형문화재로 등록되기에 이르렀다.

고치와 실▲

명주 다듬기 기구▼

◀명주 실감는 기구

명주마을 풍속▶

■ 경주시전통명주전시관

경주시는 손명주 전통을 계승 발전시키기 위해 22억5천만 원의 사업비를 들여 2005년부터 3천699m² 부지에 경주시전통명주전시관과 작업장을 건립했다. 또 명주를 아름답게 염색하는 염색관도 함께 지었다. 전시관은 2009년 말에 준공해 2010년 개관했다. 매년 1만여 명의 관광객과 체험객들이 방문하고 있다. 전시관은 1층과 2층으로 구분해 1층에는 명주로 만든 스카프, 신라시대 옷, 노리개와 기념품을 전시하고, 명주제작 과정을 설명하는 영상물을 상영한다. 2층은 명주역사실과 명주백과실을 설치했다.

명주역사실에는 비단길의 시작과 끝을 설명하고, 누에치는 마을의 풍경, 명주짜기의 전통기법 설명, 명주와 관련된 역사들을 풀어놓고 있다. 명주백과실은 명주를 제작하는 뽕의 기원과 효능에서부터 명주를 짜는 기구들을 전시하고, 누에치는 과정과 명주짜는 모습들을 실물크기의 인형으로 재현하고 있다.

작업관에는 명주를 짜는 기계를 설치해 손명주연구회원들이 상주하면서 체험행사를 진행하고 있다. 전통명주짜기에 대한 체험객들은 물론 학술적으로 연구하는 학생과 연구원들도 줄을 이어 방문한다. 경주시는 시티투어코스에 명주전시관을 포함해 경주를 방문하는 관광객들에게 전통명주의 제조과정을 고스란히 소개한다

■ 비단짜기 체험

　경주시는 전국에서 유일하게 유지되고 있는 손명주 짜는 기술을 공개하는 한편 직접 체험할 수 있는 기회를 제공한다. 실을 뽑는 기구로 조사기, 채, 자새, 고치솜제거리 등이 있다. 실을 나르는 기구로 실패, 얼레, 실 감는 틀, 네다리 날틀, 실거는 틀이 있다. 명주를 짜는 기구로 베틀, 비경이, 바디집, 베북, 명주북, 최활, 북, 베바디, 뱁댕이, 명주바디, 꾸리 감는 틀 등이 있다.

　명주가 완성되는 과정은 복잡하고 어렵다. 누에를 먹여 고치를 만드는 과정이 1차적인 절차다. 고치를 삶아 실을 뽑고, 베틀에서 베를 짜고, 다시 삶아 말리고, 다듬이질로 부드러운 명주를 만든다. 다시 아름다운 옷감을 만들기 위해서는 다양한 염색과정이 필요하다.

　체험은 대부분 경주시티투어를 통해 진행된다. 동해의 주상절리와 감은사지, 문무대왕릉을 둘러보고 명주마을에서 1시간여에 걸쳐 손명주 짜기를 체험한다. 매주 월요일부터 금요일까지 매일 오전 9시부터 오후 1시까지 진행되며 체험 참가비는 무료다. 베짜기, 고치풀기, 물레 돌리기, 실 감기, 꾸리 감기 등의 내용으로 진행되며 모두 생소한 경험이어서 서툴지만 재미있어 한다. 손수건 염색 체험은 5천 원 정도의 체험비용이 든다. 체험신청은 경주손명주연구회 홈페이지나 전화 054-777-3492번, 회장 010-2480-1694번으로 하면 된다.

경주 전통명주짜기 체험

■ 손명주연구회 김경자 회장

무형문화재 두산 손명주 연구회 김경자 회장

경주 양북면의 두산손명주연구회는 개인이 아닌 단체가 무형문화재로 지정됐다. 지난해 김경자 회장을 비롯해 16명의 마을주민들이 회원으로 등록됐다. 지금은 고령의 할머니가 사망하면서 회원은 15명으로 줄었다. 고치에서 가늘 다가는 실을 뽑아 베를 짜고, 두들겨 비단결 같은 직물을 만들어내는 전통 손명주 제조단체로 인정을 받은 것이다. 연구회는 명주마을 11명과 이웃 송전마을 4명을 포함 15명의 부녀회원으로 구성됐다. 70대, 80대 고령의 노인도 있고, 50대와 60대가 주를 이룬다.

김경자 회장은 "지금은 저희 50대와 60대 회원들이 주축이 되어 손명주 제작 기술이 전승되고 있지만 마을에 젊은 사람이 없어 30~40년이 지나면 후계자 육성이 숙제"라며 걱정했다. 손명주연구회원들은 할 일이 많다. 직접 누에를 먹이는 일부터 시작해서 실을 뽑고, 명주를 제작하는 일까지 전 과정을 모두 담당하고 있다. 체험에 소요되는 실을 모두 감당하기에는 누에를 치는 일이 어려워 지금은 실의 원료가 되는 고치를 대부분 양잠협회에서 구매해 사용한다. 연구회는 체험에 참여하는 사람들에게 보여주기 위해 2장 정도의 누에를 직접 먹이고 있다. 김 회장은 "회원들의 나이가 노령화 되고 있지만 누에 먹이는 양을 늘릴 계획으로 지난해와 올해 뽕나무를 심었다"면서 "내년부터는 10장 정도의 누에를 직접 먹여 고치를 사는 비율을 절반 이하로 줄일 것"이라 말했다.

연구회원들은 대부분 명주마을에 거주하는 부인들이다. 이 마을에서 태어나기도 했지만 대부분 시집오면서 누에를 먹이고, 명주를 짜는 일을 배운 사람들이다. 손명주 짜는 기술이 우리나라에서 완전히 사라질 뻔 한 것을 이곳 명주마을에서는 부녀회가 농촌소득사업으로 누에치기와 명주짜기를 채택해 추진하면서 그 맥을 잇고 있다. 김경자 회장도 이 마을로 시집오면서 누에를 먹이고, 베 짜는 것을 배워 35년째 명주를 손으로 짜는 일을 하고 있다. 김 회장이 부녀회장을 맡으면서 손명주 짜는 일을 본격적으로 부녀회 사업으로 추진했다. 김 회장은 농촌소득사업과 함께 전통문화를 계승해야겠다는 생각으로 연구회를 조직하고, 무형문화재 보유단체로 신청해 지난해 등록하는데 성공했다. 7년 전에 신청했지만 처음에는 자료준비 등이 부족해서 무산되었다가 2차 신청에서 등록된 것이다.

▶ 명주 시연

김 회장은 "단순한 생산으로는 소득이 안 되어서 전시관 등 체험사업으로 돌려 추진하고 있다"면서 "손명주는 부드럽고 따뜻해 좋지만 한 필에 50만 원씩 하는 고가여서 판로가 거의 막혔다"고 소개했다. 손명주는 고급 수요자들이 찾는데 수의로 명맥을 이어왔지만 화장문화로 장례문화가 바뀌면서 소비가 급격히 줄어들었다. 연구회원들은 체험사업을 추진하면서 개인적으로 판매사업도 겸해서 맥을 이어가고 있다. 회원들은 각자 집에서 직접 베를 짠다. 한 사람이 연간 3필 정도 짜지만 소득은 겨우 250만 원 정도에 그쳤다. 무형문화재로 등록되면서 전통문화 전승 지원금 등으로 지금은 다소 편하게 전통 문화 계승작업을 이어갈 수 있게 되었다. 경주 두산마을의 전통명주전시관에서 진행되는 체험으로 색다른 힐링을 체험해보는 것도 즐거운 추억거리가 될 것 같다.

문화의 거리

양동마을 양반길
양동마을 녹색길
불리단길
혼자수미술관
봉황대
황리단길

향단과 전경

 ## 양동마을 양반길

"거기 누구 없느냐고 여쭈어라." 조선시대 양반들은 이웃을 방문하면서 상대에게 바로 말을 건네지 않았다. 양반과 평민들의 삶이 고스란히 전해져오고 있는 경주 양동마을은 낮게 내려앉은 산자락에 150여 가구가 마을을 형성하고 있다. 동남향의 마을 앞은 형산강 물길이 모여 바다로 흐르고 안강 들녘은 백리에 걸쳐 넓게 펼쳐져 시야가 훤하게 틔어있다.

경주 양동마을은 경주 손씨와 여강 이씨의 집성촌으로 조선시대부터 형성되어 마을 전체가 유네스코 세계문화유산으로 등록되었다. 아득한 추억 속에 자리하고 있는 초가지붕과 사립문, 흙담이 꼬불꼬불한 골목길을 만들고 있는 양동마을을 돌아보는 것은 우리의 뿌리를 더듬어보는 길이 된다. 마을 곳곳에 진하게 배어있는 역사문화에서 삶의 정체성을 재발견 할 수도 있다.

양반과 노비의 삶을 재조명하는 정충각, 높은 곳에 넓게 자리한 관가정과 향단, 학자의 고뇌를 담은 수운정과 무첨당, 시대적 인물을 낳은 서백당, 육칠백년 묵은 향나무가 진하게 조상의 향기를 풍긴다. 물봉동산에 오르면 양동마을의 형세를 대충 짐작할 수 있다.

처가살이하던 조선시대 풍습까지 세세하게 읽혀지는 양동마을 골목투어는 신선한 힐링의 길이다. 문화재적인 가치가 높은 고택을 위주로 마을안길을 걸어보는 양반길, 마을에서 진행되는 체험행사와 마을을 지나 안계댐 양쪽으로 연결되는 자연친화적인 녹색길로 나누어 양동마을을 돌아본다.

■ 세계문화유산 양동마을

경주 양동마을은 경주의 북쪽으로 강동면에 위치해 있다. 안동 하회마을과 쌍벽을 이루는 조선시대 대표적인 집성촌이다. 규모는 양동마을이 하회마을보다 두 배는 크다. 양동마을은 특이하게 경주 손씨와 여강 이씨 두 성이 집성촌을 이루며 마을을 구성하고 있다. 2010년 안동 하회마을과 함께 유네스코 세계문화유산으로 등재됐다.

조선시대 한옥 형식을 보존하고 있는 150여 채의 기와집과 초가집으로 꾸며졌다. 대체로 기와집은 높은 곳에, 초가집은 낮은 곳에 자리를 잡고 있다. 마을은 국보 1점, 보물 4점 등 많은 문화재들을 보유하고 있다. 양동마을의 씨족부락 형태는 조선시대 전기부터 시작되었지만 2천600여 년 전부터 집단으로 사람들이 거주했던 흔적이 남아 있다.

관가정▲

▲외국인들이 둘러보고 있는 서백당

관가정에서 남쪽을 보는 전경▲

정충비각▶

　양동마을은 경주 손씨와 여강 이씨 두 집안에 의해 형성되어 맥을 이어오고 있다. 양민공 손소가 결혼한 뒤에 청송 안덕에서 처가가 있는 양동마을로 이주해 와서 재산을 상속 받았다. 이후 공신이 되어 고관의 반열에 오르면서 기반을 잡았다. 손소의 둘째아들이 청백리인 우재 손중돈으로 경주 손씨를 대표하는 인물이다. 여강 이씨 찬성공 이번이 손소의 8남매 중 둘째딸과 결혼해 양동마을로 옮겨와 살았는데 회재 이언적을 낳았다. 이언적이 여강 이씨를 대표하는 인물이다. 이처럼 조선 전기에는 남자가 처가로 들어와 사는 경우가 흔했다. 양동마을이 이러한 풍습으로 외손마을로 불리기도 한다.

　손중돈과 이언적은 서백당에서 태어났다. 두 가문이 같은 마을에 뿌리를 내려 화합하며 살아오고 있지만 학문을 비롯한 다양한 분야에서 치열한 경쟁구도를 이어오고 있다. 보통 마을에 서당이 하나 정도 있지만 양동마을에는 서당이 네 개나 있는 것도 그러한 이유에서 비롯됐다. 덕분에 양동마을에서는 뛰어난 인물이 많이 배출되었다. 조선시대 과거급제자만 해도 문과 26명, 무과 14명, 사마 76명 등 110명에 이른다. 이러한 전통은 지금까지 이어져 사법고시와 외무고시 등의 고시에 합격하고 장차관을 지낸 걸출한 인물들을 배출했다.

■ 전시관

　마을 입구 주차장에서 공원으로 꾸며진 들판을 들어서면 양동마을문화관이 있다. 2층 건물인 문화관에는 양동마을의 생성내력과 문화재와 인물을 소개하는 전시실이 있다. 1층 전시관 입구에 양동마을 주요 탐방길 지도와 500년 넘게 전통을 이어온 마을의 내력을 소개하는 글이 눈길을 끈다.

　양동마을이 보유하고 있는 국보 1점, 보물 4점, 중요민속문화재 12점, 경상북도 유형문화재 2점, 기념물 1점, 민속자료 1점, 문화재자료 1점 등 22점의 지정문화재가 소개되고 있다. 유일한 국보는 283호로 지정된 통감속편이다. 1422년 세종 4년에 인쇄한 원나라 진경이 지은 편년체의 역사서적이다. 중국 고대 반고씨부터 고신씨까지, 거란에서 오나라대까지, 당나라 천복에서 송나라 상흥2년까지의 역사를 기록한 역사서다. 우리나라 서지학 및 인쇄기술사 연구에 중요한 자료가 된다.

　양민공 손소를 그린 초상화는 보물로 지정되어 있다. 손소 선생은 1467년 이시애의 난을 평정해 적개공신에 오르고, 안동부사와 진주목사를 지낸 양동마을 개척자다. 적개공신으로 관복을 입고 있는 전신 초상화는 조선시대의 관복을 그대로 표현하고 있어 연구자료로도 중요하다. 다음으로는 조선시대 전통 한옥의 모습을 그대로 간직하고 있는 무첨당, 양동향단, 양동관가정이 보물로 소개되고 있다.

문화의 거리

◀마을 양반길

전통마을 골목▶

초가와 와가

　서백당은 양동마을의 입향조 손소가 지은 경주 손씨의 종가집으로 우리나라 종가집 가운데 가장 규모와 격식을 갖춘 대가옥으로 손꼽는다. 하루에 참을 인자를 백번 쓴다는 뜻으로 송첨이라고도 불렀다. 보수한 흔적이 많아 중요민속문화재 제23호로 지정됐다. 마당에 600년 수령의 향나무는 경상북도가 기념물 제8호로 지정했다. 서백당의 집터를 잡아준 풍수가 설창산은 집의 혈맥이 응집된 이 터에서 세 명의 위대한 인물이 태어날 것이라 예언했다. 서백당에서 손중돈, 이언적이 태어났다. 아직 위대한 한 사람이 더 태어날 것으로 기대하고 있다.
　그 밖에 낙선당, 사호당고택, 상춘헌고택, 근암고택, 두곡고택, 수졸당, 이향정, 수운정, 심수정, 안락정, 강학당 등의 중요민속문화재들이 현재 모습과 함께 소개되고 있다.

무첨당

■ 양동마을 양반길

 경주 양동마을 양반길을 걷는 일은 추억 속으로 들어가는 길이다. 양동마을 입구에 들어서면 마을을 형성하고 있는 경주 손씨의 종가 관가정과 여강 이씨의 종택 향단이 두 줄기의 능선에 자리하고 있다. 더위와 추위를 피해갈 수 있는 매점에서 간단한 요기를 하고, 연밭을 지나 처음 만나는 곳이 정충각이다. 임진왜란때 적진에 맨손으로 뛰어들었던 양반과 주인과 함께 화살받이가 된 충복의 넋을 기리는 비가 나란히 세워져 있는 곳이다.

 이어서 초가집들이 다닥다닥 붙어 있는 낮은 담 너머로 정이 오갔을 조선시대 생활상을 떠올리며 오르막을 오른다. 600년 된 은행나무와 옆에 고사목으로 남은 은행나무는 긴 세월 그 자리에서 무엇을 보았을까. 악동들의 예절체험학습이 진행되는 99칸이었다는 관가정은 여전히 높은 곳에서 시원한 전망을 굽어보며 서 있다. 땅과 하늘 그리고 인간세상의 우주진리를 담은 관가정의 건축구조는 해설사의 입을 통해 낱낱이 살아난다.

 관가정 후문으로 나서다보면 집 뒤쪽에 붉은 색으로 도배를 한 사당이 시야에 들어온다. 선조들의 조상을 섬기는 정신은 양동마을 고택에서 고스란히 전해진다. 쪽문을 나서 동북방향 건너편에 여강 이씨의 종택 향단이 우람한 규모로 자리하고 있다. 다시 물봉동산을 향해 언덕길을 오르면 저절로 양반걸음이 된다. 굴참나무와 대나무숲이 사립문처럼 줄지어 서있다. 악동들의 본부였다는 물봉동산은 평퍼짐하게 넓은 공터로 남아 있다. 사방에 살구나무가 노란 열매를 달고 있다.

골목길

문인화 등의 체험행사가 진행되는 영귀정, 설천정사를 지나 돌담길을 걷는다. 돌담에는 줄장미가 너울지고, 비비추가 꽃대를 길게 내밀고 있다. 볼그레한 자두가 설익은 얼굴로 오는 이를 정겹게 반긴다. 대구, 부산, 서울 등에서 살고 있는 63년생 토끼띠 아줌마들이 이곳에서 동기회를 한다. 모두 30년 전으로 돌아가 깔깔거림대회라도 하는 듯하다. 봉선화, 초롱꽃이 불을 밝히는 골목길을 총총 지나 무첨당에 이르렀다. 이언적이 별채로 세운 건물이다.

양동마을 전시관 입구

왼편의 지붕은 끝이 하늘로 날렵하게 치솟은 맞배지붕이고, 오른편은 향사를 담당하는 엄숙한 사당의 형식으로 두 가지 형식이 혼재한 건축이다. 오래된 건축물인 만큼 처마에는 여러개의 현판이 걸렸다. 안쪽에 흥선대원군이 대나무 뿌리로 쓴 '좌해금서'라는 현판이 있다. 좌해(左海)는 중국의 왼쪽으로 조선을 뜻한다. 금서(琴書)는 거문고와 학문을 뜻하는 글이라고 전한다. 토끼띠 여고 동기생들은 대성헌과 경산서당을 지나 내리막 꼬부랑 골목길을 걸으면서 수다로 추억을 불러낸다. 동방의 인재로 손꼽히는 손중돈과 이언적을 낳은 서백당에 들어서면 오래된 향나무와 기와집이 숙연한 기운으로 마주선다.

낙선당, 창은정사, 내곡정을 지나 토속적인 골목길을 따라 가면 허기를 달래줄 우향다옥이 나온다. 이지휴 해설사 부부가 운영하는 전통한정식당이다. 구수한 된장에 가지, 고추찜, 조기구이, 상추와 쑥갓, 오이냉채, 산나물 무침 등의 푸짐한 밥상을 마주할 수 있다. 흥선대원군이 곡차를 기울이며 꿈을 다졌다는 툇마루에서 앉아 그 느낌을 불러내 볼 수도 있다. 혼자 또는 여럿이 마을을 돌아보며 시간을 되돌려보는 것도 좋지만 이지휴 해설사의 구수한 입담이 보태지면 더 실감난다.

■ 양동사람 이지휴 문화재해설사

　은행원 출신으로 해외근무 경력을 가진 이지휴 문화재해설사는 이미 환갑을 지낸 묵직한 입담의 소유자로 재미난 이야기를 술술 풀어낸다. 그는 또 현대시문학을 통해 시인으로 등단한 양동마을 출신 양반이기도 하다. 이지휴 해설사의 입에서 쏟아지는 말들은 양동마을의 역사이자 우리나라의 역사요 세계사다. 지나간 날들에 대한 이야기들로 오늘을 살아가는 후손들이 삶의 지표로 삼을만한 교훈들을 생생한 그림으로 제시한다.

　과거에는 관광객들이 마을 사람들의 안방까지 들여다보며 카메라를 들이대고, 거실에 신발을 신은 채로 올라서는 일들이 있었다고 한다. 전통마을을 관광할 때 주의해야 할 일들도 알려준다. 그는 "많은 사람들이 국제화시대에 맞춰 바쁘게 살아가는 탓에 이웃을 돌아보는 일에 소홀하기 쉽다"며 "참을 인자 백번을 쓰며 화목한 가정, 사회를 꾸려갔던 선조들의 슬기를 본받는다면 아름다운 사회가 되지싶다"고 은근히 좌표를 제시한다.

　역사적 사실들이 오늘날 삶의 지침으로 부활하는 이지휴 해설사의 달변에 양동마을 탐방객들은 많은 일정을 양동마을 투어로 바꾸기도 한다. 이 시인의 목소리가 양동마을을 더욱 아름답게 꾸미는 청량제가 되는 것 같다.

물봉동산

양동마을 녹색길

경주 양동마을은 우리나라 최대 규모의 집성촌이다. 양반은 높은 지대에 집을 짓고, 하인들은 낮은 지대에 위치했던 취락구조를 고스란히 드러내고 있다. 경주 손씨와 여강 이씨의 양 가문에 의해 형성된 고향 같은 마을이다. 손중돈 선생, 이언적 선생을 비롯해 석학을 많이 배출한 곳이다. 경주시가지에서 동북방으로 20km쯤 떨어져 있지만 30분이면 넉넉한 거리다. 마을의 주산인 설창산 문장봉에서 네 줄기로 뻗어내려 갈라진 등선과 골짜기가 물(勿)자형의 지세를 이루고 있다.

수백 년 된 기와집과 초가집들이 나지막한 토담으로 이어지며 양반길과 녹색길로 나누어져 길은 그대로 힐링로드가 된다. 국보 통감속편, 보물 무첨당, 향단, 관가정, 손소 영정을 비롯 서백당 등의 중요민속자료 23점, 경북유형문화재 14점 등 문화재가 수두룩한 마을이다. 오래된 집들이 자연환경과 어울려 한 폭의 그림처럼 펼쳐지며 전통의 향기가 편안함을 준다.

고향의 정취가 느껴지는 고택에서의 민박, 전통의 맛과 현대의 입맛을 고루 즐길 수 있는 식당도 마을 곳곳에 있어 즐거운 탐방길이 된다. 유교 전통문화와 우리의 예절을 몸으로 체험하는 시간도 가질 수 있다. 또 주민들이 직접 재배한 곡물로 만든 양동유과와 조청 등 전통음식을 맛보며 천천히 양반걸음으로 고향의 향수를 즐기며 전통문화를 체험해보길 권한다.

안계댐에서 마을을 양분하여 가로질러 마을의 남쪽 입구로 이어지는 길을 중심으로 서쪽을 양반길로 분류하고, 안계댐으로 이어지는 길과 길의 동쪽을 녹색길로 나누어 지난주에 이어 소개한다.

◀ 안락정에서 본 마을전경

안락정

■ 양동마을 녹색길

　양동마을 안길은 기와집과 초가집들이 조화를 이루면서 누구나 고향의 정취를 느낄 수 있는 편안함을 준다. 녹색길 동쪽도 서쪽의 양반길과 같이 나무로 지은 목재건물과 단층으로 된 고택이 즐비하다. 집들은 서당과 정자, 고택으로 꾸며졌지만 지금도 마을사람들이 대부분 거주하는 집이어서 더욱 정겨움을 준다. 양반길과 녹색길은 모두 서당과 서원 같은 교육기능을 담당했던 고택으로 이어져 있다. 고택들은 삶의 흔적을 고스란히 안은 채 지나온 세월을 증언하고 있다.

▶안락정은 양동마을 입구 동쪽 언덕에 위치해 있다. 마루에서 안강들을 내려다보는 풍경이 일품이다. 경주 손씨 문중의 서당으로 여강 이씨 문중의 서당 강학당과 함께 양동마을에서 쌍벽을 이룬다. 안락정은 손영순이 "내가 편안해 하는 것은 야인의 편안함이요, 내가 즐기는 것은 야인의 즐거움"이라 말한 뜻에서 따온 것이다. 정자 뒤쪽으로는 담이 없어 성주봉 기슭으로 편안하게 자연과 동화되는 구조다. 마당에 감나무와 향나무를 심고, 작은 연못을 만들어 석가산을 꾸몄다. 정자에 '성산팔경'이라는 편액이 있는데 안락정에서 바라보는 경치가 아름답다는 것을 설명한다. 초가로 된 관리사가 별채로 남아 머물고 싶은 풍경을 연출한다.

▶강학당은 여강 이씨 문중의 서당으로 지족당 이연상의 아들 경암 이재목의 뜻을 받들어 제자와 족친들이 1867년에 세운 강당이다. 국가급 문화재로 지정되어 있으며 들어서는 진입로가 아주 서정적이다. 강학당 뒤편에는 훈장이 거주했던 곳으로 아직 초가로 남아 있다.

▶심수정은 마음을 고요한 물과 같이 가지라는 뜻으로 지은 이름이다. 양동마을에 현존하는 정자 중 가장 규모가 큰 건축물이다. 낮은 곳에 있지만 서남쪽으로는 마을 전경이 훤하게 보인다. 마당에는 오래된 향나무가 용트림하듯 하늘로 치솟아 기품을 높여준다. 대청에 심수정 편액을 비롯 심수정기, 이양재, 삼관헌, 함허루 등의 현판이 걸려있다. 심수정기 현판 뒤 기문에 이언적의 아우로서 그 도리를 다했던 이언괄을 기리기 위해 심수정을 지었다는 내용이 기록돼 있다.

▶영당과 재실은 동쪽 언덕의 두곡고택 옆에 자리하고 있다. 영당은 수졸당 이의잠의 영정을 모신 건축물이다. 경상도 하양현에 1636년 세웠던 것을 1883년에 지금 위치로 옮겨지었다. 이의잠이 하양현감으로 재직할 때 선정을 베푼데 대한 보답으로 현민들이 사당으로 지었다. 영당과 두곡고택으로 오르는 마을 입구에는 오래된 우물이 옛모습 그대로 남아 있다.

▲두곡고택　　심수정▼

▶ 동호정은 이언적의 넷째 손자인 수졸당 이의잠을 기리기 위해 후손들이 1916년에 지은 집이다. 동호는 이의잠의 별호다. 두곡고택과 영당의 재실 사이로 이어지는 오솔길을 따라 오르막길을 오르면 서남향으로 자리잡고 있다.

▶ 이향정은 온암군수를 지낸 이향정 이범중이 1695년에 지은 집으로 집 뒤에 오래된 향나무 두 그루가 있다. 동쪽의 향나무에 단오날 그네를 매달아 민속놀이를 즐겼을 정도로 향나무가 우람하다. 안마당이 넓고 집 둘레에 쌓은 담장을 따라 오솔길이 나 있는데 대나무숲과 찔레꽃 등의 야생화들이 피어 고즈넉한 분위기를 더한다.

▶ 양동마을 북쪽으로 경계를 이루고 있는 마을이 안계리다. 안계리와 양동마을 사이에 거대한 안계저수지가 사철 많은 양의 물을 품고 있어 둘레길이 자연 녹색길이 된다. 저수지 둘레길로 조성된 녹색길은 폭이 좁아 승용차도 비켜가기 어려워 길어깨에서나 교행할 수 있다. 녹색길은 울창한 숲으로 덮여 한여름에도 시원하다. 영천댐에서 끌어온 물의 낙차를 이용한 수력발전소가 있고, 맞은편 보리밭 가운데 두 기의 고인돌이 있다. 안계리 끝지점에 얼굴 안면이 크게 훼손된 석불좌상과 대규모 석탑부재 등이 있어 신라시대 안계사가 있었음을 짐작하게 한다.

양동마을의 양반길과 녹색길은 걸어서 다녀야 제맛이다. 중요 건물만 둘러보아도 각각 2시간 정도 소요된다. 세세하게 살피면서 공부를 할려면 1박2일로도 부족할 정도다. 녹색길 끝으로 이어진 안계저수지 둘레길은 위험해 자전거 진입을 금지하고 있다.

문화의 거리

서당길

누에고치풀기▲　　　　　　　　　▼관가정 예절체험학습

■ 체험행사

　양동마을에서는 매일, 특히 주말에 재미있는 체험행사가 많다. 마을 가운데 체험관에서 경주문화원이 예약을 받아 양동마을 전통문화 체험프로그램을 운영한다. 양동마을에서 1박2일 과정으로 진행하는 숙박체험은 양동마을 민가에서 숙박하면서 마을의 역사와 전통문화를 직접 체험하게 한다. 인사하기와 손님맞이 등의 전통예절체험, 충효 동화극을 통한 충효마음 키우기, 직접 두들겨보는 국악체험, 쌀과 조청으로 약과 만들기, 주령구 만들기, 마을 문화재를 돌아보며 살아있는 역사를 공부하는 문화재답사 등이 일반적인 체험행사다. 야간 길놀이 체험은 누구나 신명나게 참가하는 프로그램이다. 봄부터 11월까지 진행되는 체험행사에는 경주문화원 홈페이지에서 온라인으로 접수한다.

　민속문화체험 한마당에서는 손명주 무형문화재로 등록된 명주마을의 기능인들이 농촌문화를 체험할 수 있는 누에고치풀기 체험을 진행한다. 이와 함께 맷돌 돌리기, 지게 지기, 새끼 꼬기, 화전 굽기 등 20여종의 전통체험을 경험하게 한다. 전통의례 체험을 하면서 매년 6월과 9월에는 체험관 앞에서 전통혼례가 진행되는 현장을 볼 수 있다.

국악한마당은 마을주민과 관광객들이 한데 어울려 한바탕 춤사위를 벌이며 신명나는 무대를 꾸민다. 지난 5월26일에 진행한 행사에 이어 10월에도 한차례 국악한마당 행사가 열린다. 양동마을에서는 방문객들을 위해 체험행사 외에도 자체적으로 생산한 농산물로 전통적인 방법으로 유과, 조청 등의 친환경 제품을 생산해 전시 판매한다. 유과 또는 유밀과는 한국의 전통 과자인 한과의 일종으로 곡물과 꿀을 반죽해 식물성 기름에 튀겨서 만든다. 찹쌀가루에 술을 넣고 반죽하여 찐 다음 꽈리가 일도록 저어서 모양을 만들어 건조시킨 후에 기름에 지져 낸 다음 조청이나 꿀을 입혀 다시 고물을 묻힌다. 양동유과는 마을에서 직접 생산한 질 좋은 곡물로 만든 전통음식으로 식감이 부드럽고 단맛이 독특하다. 양동유과는 마을입구 전시관에서 전시 판매해 사계절 간식거리와 제수음식 등으로 많이 판매되고 있다.

■ 민박과 식당

양동마을을 둘러보는 일은 시간이 걸리고 힘이 들어도 걸어서 다녀야 하는 체험이다. 따라서 허기를 느끼기 쉽다. 그러나 식당들이 곳곳에 위치해 있어 걱정하지 않아도 된다. 마을 입구 삼거리에 옛날 구판장처럼 꾸며진 작은 가게에서 계절에 관계없이 아이스크림과 과자류, 간단한 요기를 할 수 있는 순대, 어묵 등을 먹을 수 있다.

식당과 가비카페

잘 갖추어진 한정식과 부침류 등 손님의 기호에 맞는 메뉴를 준비한 식당들이 줄을 서 있다. 칼국수, 라면, 수제비, 파전, 된장찌개를 먹을 수 있는 곳도 있다. 우유소프트콘, 커피구름, 초코구름, 미숫구름 등의 순한 음료, 아메리카노, 식혜, 약과 등을 판매하는 카페도 더러더러 있다. 동동주와 다양한 전통 담금주도 식당별로 구색에 맞춰 내놓는다.

| 훈장의 집 | 우물 |
| 초가지붕 화장실 | 이향정 뒷길 |

　양동마을을 제대로 보려면 민박하는 것이 좋다. 초원식당, 우향다옥 등은 식당과 민박을 겸하고 있어 편리하다. 취경재, 남산댁, 산수풍경, 연화민박, 물봉동산 황토방, 매산고택, 낙원별방 등의 민박집이 있다. 민박을 잡아두고 마을을 전경으로 펼쳐지는 일출과 일몰의 멋진 광경에 빠져 볼 것을 권한다.
　양동마을 전통문화체험은 뙤약볕이 작열하는 여름도 좋고, 북풍이 몰아치는 겨울도 괜찮다. 누구나 고향 같은 양동마을에서의 느린 답사길은 마음을 편안하게 하는 최고의 힐링이 될 듯하다.

불리단길

나만의 특별한 데이트를 즐기고 싶다면 경주 불리단길로 떠나라. 경주 불리단길은 최근 생겨난 신조어다. 불국사가 있는 마을의 단단히 재미있는 길이라는 뜻으로 새로운 맛집, 카페, 체험형 즐길거리들이 생겨나면서 지어진 이름이다. 관광객들과 업소들이 운영하는 블로그에도 '불리단길'이라는 이름이 그대로 사용되면서 널리 알려지기 시작했다.

불리단길은 불국사 서쪽 대형주차장과 연접해 조성된 상가 밀집지역이다. 불국동과 진현동이 겹치는 곳으로 두산위브아파트가 입주하면서 인구가 1만 명을 넘어선 마을이다. 상주인구가 늘어나면서 현대인들의 기호에 맞는 체험형 즐길거리, 먹거리, 특별한 카페가 생겨나 다시 주목받고 있다.

불국사와 석굴암, 동리목월문학관에 연접해 있고, 감은사지와 문무대왕릉이 있는 동해바다까지 30분이면 다다를 수 있다. 경주보문관광단지도 20분 거리여서 지리적으로도 관광명소다.

불리단길은 또 착한 가격의 숙소가 갖춰져 있는데다 토함산 정기가 넘쳐나는 곳에 위치해 태권도, 축구, 야구 등 다양한 종목의 선수들이 체력훈련과 전술을 연구하는 곳이기도 하다.

불리단길 주민들은 메르스와 세월호 참사에 이은 지진의 악재 여파를 스스로 이겨내는 중이다. 수학여행단을 겨냥했던 유스호스텔업계는 리모델링으로 업종변경을 시도하고 있다. 숙박업소를 시작으로 식당, 커피숍 등 상가들이 변신하고 있는 것이다. 현대인들의 기호를 꿰뚫은 맛집, 숙소, 카페들이 모두 제각각 특이한 멋으로 무장하고 손님들의 발길을 유혹하고 있다. 마을이름까지 불리단길로 리모델링하고 새롭게 탈바꿈하고 있는 맛있는 마을로 힐링 데이트를 떠나본다.

■ 꽃신을 신고 뛰어보자

'꽃신'의 손유정 사장

요즘 경주 불리단길에는 젊은 새댁들의 꽃걸음이 분주하다. 불리단길 전체가 실생활에 적용되는 새로운 체험거리들이 넘쳐나면서 알뜰한 살림꾼들의 관심이 쏠리고 있기 때문이다. 불리단길 가운데 아담하게 꾸며진 한 점포가 있다. 손유정(42)주부가 다양한 체험학습을 진행하는 카페 '꽃신'이다. 꽃신은 지금은 잊혀져가는 고무신에 꽃그림을 그리는 체험학습을 하면서 붙인 이름이다. 손 대표는 "신발은 우리의 삶을 대변하는 것이고, 꽃은 아름답고 행복한 이상이라고 보면 꽃신은 아름답고 행복한 삶을 상징하는 것이라 할 수 있다"고 설명한다. 행복한 삶을 꿈꾸는 젊은이들의 발걸음이 분주하게 드나드는 이유가 된다.

꽃신은 일상생활에 많이 사용되는 소품에 수를 놓는 생활자수, 그림 그리기의 체험을 진행한다. 또 누구나 편안하게 쉴 수 있는 공간으로 인문학 서적들을 비치해 북카페 기능도 한다. 그녀는 잠시도 쉬는 법이 없다. 손님들을 위한 커피, 꽃차, 메실차, 허브차 등 다양한 차류와 연잎에 맛깔스런 밥을 말아 먹는 건강식도 주문하기 바쁘게 척척 만들어 낸다. 또 직장인을 위한 야간체험까지 이어져 시간에 얽매이지 않고 자유롭게 삶을 즐길 수 있는 문화놀이터로 다양한 계층의 발길이 모여들고 있어 불리단길의 등불이 되고 있다.

꽃신과 같은 다양한 체험기능을 가진 문화공간이 불리단길 전체로 번지고 있다. 꽃신과 어깨를 나란히 하고 있는 유니정원은 꽃을 판매하면서 카페를 겸한다. 꽃꽂이 체험과 나만의 화분 만들기를 겸한 다양한 만남의 공간이 된다. 한 블럭 북쪽으로 걸음을 옮기면 은공예와 그림그리기 등의 체험을 할 수 있는 실버공방 체험카페가 공원 맞은편에 자리하고 있다. 누구나 자신만의 이니셜이 새겨진 반지, 목걸이 등의 소품을 1~2시간이면 기념품으로 만들 수 있다. 고전읽기 등의 인문학과 함께 여유를 즐기는 신촌서당, 빵을 만드는 체험으로 자신만의 시간을 가지게 하는 별하상점도 눈에 띤다.

이어 부추가래떡과 같은 먹거리로 흥미 있는 시간을 제공하는 떡집, 민화전시와 함께 민화 그리기, 자신만의 도기를 만들어 보는 하늘도예공방, 옷 만들기 체험과 주문하는 옷을 만들어주는 빨간머리앤, 착한 가격으로 허기를 채우게 하는 다슬기 한그릇 등의 다양한 체험형 점포들이 다닥다닥 붙어 있다. 이제 이곳은 관광객과 경주시민들의 힐링공간으로 자리매김 하고 있다.

문화의 거리

자수체험

■ 국가대표 제련소

불리단길은 오래 전부터 여름방학, 겨울방학 기간 동안 태권도, 축구, 야구선수들의 전지훈련 장소로 유명하다. 밀집된 착한 가격의 숙박업소는 선수들의 체력단련과 마음까지 시원하게 해주는 맑은 공기를 주는 토함산 로드웍 코스 등 주위 환경이 운동하기에 딱 좋다.

경주시는 또 불리단길 가운데 광장에 체육시설을 마련해 전지훈련에 참가하는 선수들에게 제공하고 있다. 올해부터는 가건물을 지어 제공하던 임시훈련장에 제대로 된 체육관을 지을 계획이다. 불리단길은 전국 태권도 선수들의 고정적인 전지훈련장소로 자리 잡았다. 매년 경주시가 제공하는 훈련장소와 숙박업소에 이어 선수들의 체력단련과 심신수련에 적지라는 판단이 훈련에 참가했던 선수들의 입소문이 번지면서 유명세를 타고 있다. 중고등학생은 물론 일반 선수들까지 태권도 선수들의 제련소가 되고 있다.

지금은 포항과 경주에서 열리는 전국 중학생 야구대회에 출전하고 있는 선수들이 불리단길에 숙소를 정하고, 밤늦은 시간까지 공원과 대규모 주차장에서 훈련하는 모습이 눈에 띤다. 국가대표 제련소로도 손색이 없을 듯 하다.

불리단길 광장 전지훈련장

■ 유스호스텔은 살아있다

불리단길의 비즈니스호텔은 최근 리모델링으로 깨끗하게 단장했다. 침대와 샤워시설 등 숙소의 내부 환경을 완전히 바꾸었다. 손님들이 스스로 고기를 구워먹을 수 있는 바베큐장도 설치했다. 3층에 한꺼번에 100명을 수용하여 회의와 세미나를 열 수 있는 넓은 공간을 두었다. 마을 전경을 감상할 수 있는 다락방에서는 음악을 들으며 차를 마실 수 있다. 또 숙박손님의 주문에 따라 간단한 아침메뉴를 제공하기도 한다.

비즈니스호텔 다락방에서▲

▲공원의 밤 야구선수들

 문무대왕릉, 감포깍지길, 송대말등대 등 인근 여행지를 소개하거나 신경주역, 고속터미널 등으로 픽업하는 서비스도 경우에 따라 제공한다. 가격도 도심가의 숙소와 비교가 안 될 정도로 착하다는 것이 경쟁력을 높이는 전략 중의 하나다. 불리단길의 주 시설은 숙박업소였다. 지금도 모텔, 호텔, 유스호스텔, 리조트, 펜션 등이 각자 특색 있는 모습으로 변신하면서 손님을 유치하고 있다. 일반 관광객, 전지훈련에 나선 스포츠선수, 수학여행단 등으로 손님층이 두터워지고 있다.

불리단길 공원▲

▲벽화

   맑은 공기와 조용한 분위기, 주변의 특별한 문화관광자원들이 힐링의 명소에 걸맞는 펜션들도 눈에 띤다. 북쪽 끝 골목길 중간쯤에 유독 눈길을 끄는 담장이 있다. 아기자기하게 크고 작은 화분들이 계절별로 꽃을 피우고, 집 경계를 따라 흙담장에 접한 주차장은 자갈돌을 깔아 주차하는 일이 음악을 연주하듯 한다. 모양 그대로 '꽃담펜션'이다. 인심 후한 주인을 닮은 펜션은 나무로 만든 대문이 친근감을 주는가 하면 내외부가 훤히 조망되는 통유리와 옛 기와를 올린 한옥으로 지어져 외갓집 같은 정겨움을 준다.

   불리단길에서의 숙박은 그대로 힐링이 된다. 착한 가격대가 먼저 마음을 편안하게 한다. 아침 저녁으로 즐길 수 있는 산책길은 몸도 마음도 건강하게 한다. 온갖 체험을 즐길 수 있는 카페와 공방들, 시원한 공기를 마시면서 쉴 수 있는 공원과 쉼터, 멀리까지 막힘없이 펼쳐지는 시선은 가슴을 뻥 뚫리게 한다. 수학여행단의 고정장소에서 힐링 쉼터로 변신하고 있다.

■ 불리단길 그리고 맛집

　불리단길은 조용해 고즈넉하기까지 하다. 토함산 정기가 몸속으로 그대로 녹아나는 길이 미로처럼 이어진다. 삶을 여유롭게 하고 건강하게 하는 길이 생명력을 가진다. 유네스코 세계문화유산으로 등록된 불국사 아래로 힐링로드가 정겹게 펼쳐진다. 불국사와 이어지는 둘레길 2㎞와 마을골목 6㎞ 불리단길이 접혀 있다. 상가 외부를 감상하면서 걷는 길이 2㎞다. 다양한 체험형 상가들이 밀집된 공간 가로세로로 열린 마을길은 직선으로 그어져 있다. 이곳저곳 기웃거리며 걸어보는 길은 4~10㎞까지 시간에 맞춰 자유롭게 조절해 힐링 할 수 있다.

카페 다시, 봄 ▲

▲꽃담펜션

　불리단길 내부를 돌아보는 걸음은 흥겹다. 서쪽 끝 두산위브 대규모 아파트에서 시작해 불국사 주차장까지 이어지는 코스는 은근한 오르막길이다. 동쪽에서 서쪽으로 난 길은 내부의 2길과 외부 2길을 합하면 4개의 길이 나온다. 또 남쪽에서 북쪽으로 이어지는 길은 8개의 길로 세분된다. 어떤 길을 택하든 맛집과 체험형 카페가 특이한 즐길거리로 무장하고 손님을 기다린다.

문화의 거리

기념품상가

경주시 운영상가

  불리단길의 카페는 대부분 특이한 먹거리를 준비하고 있다. 아리수호텔카페 와 카페 메이플은 불리단길의 남단에서 동서로 이어지는 끝지점에 위치해 찾 기도 쉬우면서 독특한 먹거리와 훌륭한 시설로 밤낮 손님들이 북적거린다. 중 간쯤에 '다시, 봄' 카페는 아담한 한옥 단독주택으로 마당과 담장을 꽃으로 장 식하고 적절한 공간에 벤치와 탁자를 배치해 편안한 쉼터 기능을 한다. 불리단 길의 많은 허브 중의 하나다.

  뷔페 시골밥상은 할머니가 직접 손으로 만든 반찬들이 오밀조밀 놓여 먹고 싶은 만큼 6천원의 착한 가격으로 맛볼 수 있다. 누구나 어머니 밥상 같은 따끈한 아침밥도 가능하다. 2~3일 묵는 관광객들도 한 번 맛보면 대번에 단골이 된다. 또 즉석에서 말아주는 김밥, 운동선수들의 체력을 올려주는 오리숯불구이집, 100명의 단체손님들도 문제없이 수용할 수 있는 전주식당, 진주식당 등등 잠시 둘러보아도 좋은 식당들이 눈에 들어온다.

카페 메이플

 불리단길 사람들은 다시 꿈을 꾼다. 어두운 골목길을 밝힐 연등테마마을로의 변신을 위해 추진위원회를 조직하고 움직이기 시작했다. 상가를 아름다운 연등으로 연결해 밤을 밝히고, 다양한 공연과 특색 있는 문화체험행사 이벤트를 이어 여행객들을 꾸준히 유치한다는 전략이다. 주민들의 뜻을 모아 경주시청과 경주시의회, 경상북도, 경북도의회, 지역국회의원 등과도 테마마을 조성을 위해 협의하면서 구체적인 계획을 하나씩 추진하고 있다. 불리단길이 관광객들로 넘쳐나는 새로운 힐링 테마마을로 도약하고 있다.

 ## 혼자수미술관

　도시의 가치척도를 예술로 가늠한다면 경주는 최고의 문화예술도시라 할 수 있다. 신라 천년의 수도였던 경주는 화려한 불교문화를 꽃피운 이래 꾸준히 예술작품이 역사와 함께 문화예술로 성장해왔다. 경주는 누구도 부정할 수 없는 역사문화예술도시임은 자명한 사실이다.

　경주에는 오래된 역사문화예술적 가치를 가진 문화재 외에도 젊은 세대들의 취향에 맞게 체험할 수 있는 문화예술들이 곳곳에서 방문객들을 만날 준비를 하고 있다. 경주의 핫플레이스로 떠오르고 있는 황리단길과 봉황대, 그리고 혼자수미술관이 동시에 주목받고 있다.

　경주 혼자수미술관은 봉황대 바로 옆 3층 건물에 위치해 있다. 이색적인 자수로 완성된 작품들이 보는 이를 경이롭게 한다. 혼자수미술관은 특이한 작품세계를 오감으로 체험하게 하는 한편 매주 진행되는 특강으로 문화예술도시의 한축을 경험하게 한다. 또 미술관 전체에 은은하게 퍼지는 커피향과 다양한 취향을 충족시키는 차류들이 낭만저격 플레이스로 떠오르고 있다.

　혼자수미술관에서는 통유리를 통해 봉황대가 한 눈에 보인다. 미술관에서 커피잔을 앞에 두고 봉황대에서 열리는 뮤직스퀘어를 바라본다면 멋진 뷰에 감동하게 될 것이다. 세계명화들에 혼을 불어넣어 자수로 완성한 작품을 작가의 해설을 들으면서 감상하는 일은 어디에서도 경험하기 어려운 행운이다. 한국인이 모르는 한국의 보물, 경주 혼자수미술관에서 특별한 체험으로 힐링의 시간을 가져본다.

전시중인 아를의도개교 고흐 1888.
The Langlois Bridge at Arles Oil on canvas 64.5 x 49.5 cm
Wallraf-Richartz Museum, Cologne, Germany

■ 문화강국 3천년을 꿈꾸는 혼자수미술관

경주 혼자수미술관은 봉황대와 이웃한 국제문화교류센터 2층과 3층에 카페식으로 꾸며져 있다. 입장료에는 커피값이 포함되어 있다. 혼자수는 이용주 작가가 직접 지은 이름이다. "영혼이 깃들지 않은 손으로 작업을 한다면 예술은 존재하지 않는다는 레오나르도 다빈치의 말처럼 혼을 담아 작품을 만들기 때문에 혼자수라 명명했다"고 설명한다.

혼자수미술관은 초상화, 정물화, 풍경화 등 다양한 작품들이 빛의 굴절에 따라 다르게 보이는 입체적인 느낌, 옷감을 직접 만지는 듯한 질감까지 표현하는 예술의 세계를 경험하게 한다. 이용주의 작품들은 세계 유명작가들의 작품을 원작의 색채대로 실을 염색해 혼을 담은 전통자수기법으로 원작이 표현하고자 했던 빛, 바람 같은 무형의 질감까지 입체감을 주는 자수의 장점으로 낱낱이 되살려 감탄을 자아낸다.

작품 감상은 3층부터다. 미술관 문을 열고 들어서면 커피향이 먼저 대뇌신경을 자극하면서 야릇한 흥분감을 준다. 입구에 들어서면 클림트의 '키스', '리아몽크의 초상화', 화려한 드레스와 꽃을 배경으로 춤추는 '댄서', 19세 정숙한 처녀 '게르타 펠소바니의 초상화' 등의 작품들이 공중에 매달린 듯 전시돼 있다. 안으로 들어가면 탁자와 의자들이 넓은 공간에 카페식으로 정리되어 있고, 남향의 넓은 창쪽에도 의자가 길게 배치되어 있다. 봉황대 고분의 고목과 잘 다듬어진 공원, 멀리 남산까지 뷰가 시원하게 펼쳐진다. 반대쪽으로 고개를 돌리면 실물크기의 사람들이 분주하게 걸어가는 도심의 거리가 작품처럼 시야에 들어온다. 다양한 세미나식 모임이 진행되기도 하고, 본격적인 작품 감상 이후 토론을 펼치는 미술관 속 만남의 장소다.

이용주 작가는 자신의 작품이 언젠가는 세상에서 가장 값비싼 예술품으로 남을 것이라 장담한다. 717억 원에 낙찰된 고흐의 작품도 종이와 물감이 가진 시간적인 유한성 때문에 결국은 세상에서 사라질 것이지만 원작을 입체적으로 만든 혼자수 작품은 1천 년, 2천 년 후에도 작품성을 유지하면서 세상에 남을 것이라는 작가의 말이 설득력 있게 다가온다.

매주 토요일과 일요일에는 이용주 작가가 오전과 오후로 시간을 나누어 하루 2회 작품설명회를 갖는다. 또 20일부터 8월5일까지는 매일 작품설명회가 진행될 예정이다. 혼자수미술관은 고흐와 클림트의 예술작품 등을 감상하고, 차를 마시며 대화하고, 공연을 감상하는 힐링의 명소가 되고 있다.

이용주 작가

미술관의 수다 미수다

이용주의 혼자수미술관에서는 다양한 수다를 들을 수 있다. 그는 작품을 통해 사람을 만나는 일을 즐거워 해 다방면의 사람들을 초대하고, 또 방문한 사람들의 이야기를 듣는 것을 좋아한다. 그래서 혼자수미술관은 늘 방문객으로 수다스럽다.

혼자수미술관은 지난 6월부터 매주 일요일 오후에 특별한 수다상을 차린다. 이용주 작가가 자신의 예술세계를 설명하거나 전시된 작품과 그 화가의 삶에 대한 이야기를 하는 시간이다. 특별한 예술인의 삶과 예술에 대한 이야기를 풀

방문객들에게 작품 설명하는 이용주작가

어놓는 시간에는 약사, 의사, 건축가, 공무원 등 각계 전문가들이 주제를 발표하고 토론하는 시간을 갖기도 한다.

　미술관 주인 이용주 작가의 수다는 인기다. 소설가이기도 하며 만담꾼의 재능을 타고 났다. 반 고흐의 엽기적인 삶과 작품세계에 대한 이야기, 클림트의 이야기가 사람들을 미술관으로 당기는 힘이 되고 있다. 또 경주 소나무, 석굴암 본존불 작품은 워낙 실물과 같아서 "작품 앞에 불전함을 두고 예불을 드리게 해도 되겠다"는 우스갯소리도 한다.

　'고흐, 내가 죽이다'라는 주제로 진행된 시간에는 40여명의 방문객들이 북적거리며 고흐의 작품세계와 그의 삶에 대한 이야기로 수다꽃을 피웠다. 오관현 약학박사의 '당뇨'를 주제로 펼친 건강상식과 체질개선, 양학과 한의학에 대한 특강에 이은 다양한 의견들은 늦은 시간까지 이어졌다. 혼자수미술관은 경주시민, 관광객들이 한자리에 모여 예술과 세상의 이치, 아름다운 삶에 대한 이야기로 행복한 시간을 만들어 가는 문화수다공간의 기능도 할 것으로 기대된다.

미술관에서의 수다

■ 고흐, 내가 죽이다

　이용주 작가는 지독하게도 반 고흐에 천착한다. 700여 점이 넘는 고흐의 작품 중에 세계적으로 알려진 명작 105점이 이용주의 손으로 다시 부활해 세상을 주유한다. 평면으로 드러났던 고흐의 자화상도 이용주의 손끝에서 입체적으로 살아나 새로운 명작의 세계로 관객들을 유도한다.

고흐의 작품세계를 태어나면서 공부하고, 그림을 그리고 사람을 만나고 헤어지고, 다시 그림을 그리다 생을 마감하는 순간까지 시대별로 작품을 만들어 전시하고 있다. 고흐의 세계를 설명하는 이용주작가의 눈은 유난히 반짝거린다. 마치 고흐의 대변인이 되어 그의 삶을 세상 사람들에게 고스란히 설명해야 하는 의무를 지고 있는 사람 같아 보이기도 한다. 고흐의 작품을 모방하다 '고흐, 내가 죽이다'라는 소설을 썼다. 일본인의 요청으로 일본에서 일본어로 먼저 출판하게 된다며 기쁨과 아쉬움을 함께 내비쳤다. 한국어로도 출판할 계획이 있다는 말이 다행스럽게 들린다.

혼자수미술관에서 고흐가 다시 살아난다. 이용주 작가가 100여점의 고흐 작품을 모사해 자수로 부활시켰다. 고흐가 그린 37점의 자화상들은 모두 옆모습이다. 정면을 그린 작품은 없다고 한다. 고흐는 보이지 않는 것을 보려고 노력했다. 고흐는 바다와 나무, 건물을 그렸지만 결국 바람은 제대로 표현하지 못했다. 이용주는 자수의 특성으로 빛과 볼륨을 살리고 바람에 날리는 실을 심어 바람을 표현했다.

고흐는 그의 동생이 일생동안 뒷바라지를 했다. 결국 삶을 마감하는 시간도 동생이 기획했다는 설명이다. 동생은 6개월 시한부 삶을 선고받고, 본인이 죽은 후 형이 살아갈 날을 걱정해서 스스로 자살하게 만들었다는 이야기다.

혼자수미술관은 고흐의 일대기를 작품으로 설명한다. 이용주 작가는 고흐의 입장에서 작품을 재해석하고 혼자수작품으로 고흐를 살려내고 있다. 이어 그는 소설 '고흐, 내가 죽이다'를 집필해 고흐의 예술적 삶을 세상에 공개한다.

문화의 거리

카페 미술관

■ 미설가 이용주의 예술세계

정밀수놓는 이용주

전시중인 밀짚모자를쓴자화상 고흐 1887.
Self portrait with straw hat 32.5 x 40.5cm
denver art museum

혼을 담은 자수와 소설을 쓰는 작가 이용주는 만남을 추구한다. 과거에서 현재로 다시 미래의 시간으로 이어지며 실과 실, 실과 천, 그림과 염색, 자수와 장인들이 하나가 되는 만남의 하모니가 그의 예술을 완성시켜가는 조합이다.

이 작가는 1974년부터 그림을 배웠다. 1982년부터 우리 그림의 정체성을 찾아 명맥이 끊긴 가색자수를 되살려 사실감과 입체감을 만들어 내는 방법을 연구해 혼을 담은 한국만의 미술 혼자수를 개발했다. 혼자수는 비단 위에 색상을 입혀 본을 만들고, 실을 그림 색상에 맞추어 염색하고, 염색한 실로 수를 놓아 점과 선, 면의 작업을 진행해 그림을 완성하는 창작예술이다. 이러한 혼자수로 '스레드아트'라는 기법을 그만의 독특한 예술분야로 구축해 특허 등록했다. 미술품을 만져서 느끼는 '스킨 리얼리즘'이라는 신조어도 그가 만들었다.

그는 그만의 독특한 기법으로 세계 유명 작가들의 작품을 원작처럼 모사했다. 또 우리나라 학생들이 공부하는 교과서에 실린 세계명화 394점을 원작으로 모사하고 있다. 이 작품들은 24개국 168개 미술관과 36명의 개인이 소장하고 있다. 원작은 우리나라에는 단 1점도 없다. "작품은 원화 크기로 보아야 공간과 색에 대한 이해를 제대로 할 수 있다"며 "아이들의 문화적 욕구를 해소하고 제대로 된 미술공부를 돕기 위해 세계명화를 원작크기로 만들고 있다"고 설명했다.

 그는 지금 200여점의 교과서에 실린 원화를 완성했다. 그의 작품은 비단에 전통기법으로 염색한 수를 놓아, 보는 방향에 따라 작품의 색과 느낌이 달라진다. 방향에 따라 보이지 않던 소나무가 보이기도 하고, 흰 머리카락이 검게 보이기도 한다. 청바지의 질감이 손에 그대로 전해지기도 한다.

토마스바흐 IOC위원장에게 작품설명하는 이용주 작가

 이 작가의 독특한 혼자수기법은 국내는 물론 세계의 주목을 받고 있다. 실크로드 작품 24점은 이스탄불시가 구입했다. 2016년 이스탄불엑스포 포럼에서 그의 작품이 소개되고, 평창올림픽에서는 IOC 위원장의 초청으로 IOC 뮤지엄에 혼자수작품이 전시되었다. 세계의 전현직 대통령 11명이 그의 작품을 소장하고 있기도 하다. 또 그는 "혼자수는 노동집약적 수행과 단련으로 새긴 내면의 깊이를 가진 작업으로 지극한 정성과 진력의 혼으로 만들어 절묘한 아름다움을 지닌다"면서 "혼자수궁을 지어 어려운 예술가와 이웃을 돕는 것, 세계명화를 모두 보유한 문화관광대국이 꿈"이라 말한다.

문화의 거리

 **봉황대**

　경주 봉황대는 신라 천년의 향기가 면면히 흐르는 경주시가지 150여 고분 중에서도 가장 높은 능으로 고분공원의 중심에 우뚝 서 있다. 일반 고분과는 다르게 봉분에 느티나무와 1백년 이상 된 아름드리 고목들이 듬성듬성 자라고 있어 이채롭다.

　봉황대는 누구의 무덤인지 모르지만 유별나게 큰 봉분으로 고분공원의 상징으로 자리하고 있다. 봉황대를 중심으로 시가지에서 도로가 가로세로 연결돼 경주시민은 물론 경주를 찾는 방문객들도 쉽게 접근할 수 있고, 특별한 쉼터가 되고 있다.

　봉황대에서는 매주 금요일 밤에 유명 연예인들을 초청해 진행되는 뮤직스퀘어가 열려 고정적인 야간무대의 배경이 되고 있다. 세계에서도 유례를 찾아보기 어려운 고분 무대. 비라도 오는 날이면 봉분의 나무와 조명이 어우러져 괴기스러우면서도 신비스러운 분위기가 연출된다.

　봉황대에서 주기적인 공연이 열리자 주변의 길과 상가도 더불어 활성화되기 시작했다. 특별한 분위기를 자아내는 고분공원으로 조성되면서 자연스럽게 시장이 형성되었다. 꼬치와 햄버거 등 간편식을 취급하는 푸드트럭이 해가 저무는 시간이면 자리를 잡고 불빛과 고소한 냄새로 손님들을 유혹한다. 또 팔찌와 목걸이, 귀걸이, 스케치북 등 공예인이나 일반시민들이 스스로 만든 수제품들을 판매하는 프리마켓이 형성돼 장사진을 이룬다.

봉황대 일대는 젊은이들에게는 최고의 데이트코스로 자리를 잡았다. 고즈넉한 대릉원 돌담길과 최근 경주의 핫플레이스로 떠오른 황리단길이 도로 맞은편에 있다. 그래서인지 젊은이들과 가족단위 나들이객들도 줄을 지어 찾는 명소가 되고 있다. 불금을 화려하게 장식하는 뮤직스퀘어 공연이 진행되고, 고분공원 일대에서 다양한 형태로 힐링의 시간을 제공하는 봉황대로 가본다.

■ 봉황대 뮤직스퀘어

문화의 거리

  경주 고분공원의 메카 봉황대는 천년고도의 불금을 태우는 핫플레이스다. 매주 금요일 밤 세계 유일의 고분을 배경으로 다양한 장르의 수준 높은 공연이 펼쳐진다. 천년고도 경주의 대표 문화공연 봉황대 뮤직스퀘어가 전국에 알려지고 있다.
  지난 6일에는 여성팬을 몰고 다니는 가수 조성모가 봉황대 무대를 장식했다. 비가 내리는 가운데 3천여 명의 구름관중들이 우의를 입고 '오빠'를 외쳤다. 봉황대 일대 카페와 주점에는 비를 피하며 공연을 즐기려는 관객들로 때 아닌 호황에 즐거운 비명을 질렀다.

6월15일 공연에는 원조 디바(DIVA)로써 수많은 명곡들과 함께 국내에서 많은 팬들을 확보하고 있는 '장혜진'이 고품격 라이브 콘서트를 선보여 남녀노소 할 것 없이 한데 어우러져 불금을 까맣게 태웠다. 장혜진은 1991년 1집 앨범 '장혜진'으로 데뷔하여 '아름다운 날들', '1994년 어느 늦은 밤', '마주치지 말자', '꿈의 대화' 등 많은 명곡들을 불렀다. '복면가왕'과 '나는 가수다' 등 많은 음악프로그램에 출연했으며, 여름밤의 낭만이 넘치는 경주 봉황대에서 감동 깊은 공연을 선물했다.

6월22일에는 '이기찬&리아'의 감성 콘서트, 6월 마지막 주 금요일인 29일에는 지역 예술인들과 함께하는 '썸머 뉴 아티스트 콘서트'로 특별한 무대를 꾸며 시민들과 관광객들에게 즐거움을 선사할 예정이었지만 아쉽게도 우천으로 취소됐다.

경주시 이상영 문화관광실장은 "다양한 예술장르의 수준 높은 아티스트들이 만들어가는 고분 속 뮤직스퀘어를 많이 찾아주셔서 인기가수의 감성 넘치는 콘서트를 즐기시며 잊을 수 없는 추억의 시간을 만드시기를 바란다"며 많은 응원을 당부했다.

봉황대 뮤직스퀘어는 매주 금요일 오후 8시 경주 봉황대 야외 특설무대에서 오는 10월까지 꾸준히 열리면서 경주시민과 관광객들의 흥을 돋우는 힐링코스가 된다.

◀봉황대 프리마켓

봉황대로 ▶

■ 프리마켓

경주 봉황대를 중심으로 중심가 화랑로에서 대릉원 옆의 황리단길을 잇는 고분사이길이 프리마켓 거리로 바뀌면서 밤이면 사람들로 더욱 붐빈다. 봉황대 프리마켓은 경주 봉황로 문화의 거리로 불리면서 황리단길과 연계해 새로운 핫플레이스로 떠오르고 있다.

봉황로 문화의 거리는 경주 중심시가지도로 화랑로를 지나 황리단길로 이어지는, 고분공원의 가운데 봉황대와 신라대종 사이길이다. 봉황로는 주말을 이용해 푸드트럭과 기념품, 악세사리, 전통먹거리촌 등의 노점상이 형성되면서 관광객과 경주시민들이 북적거리는 문화의 거리로 성장하고 있다. 특히 봉황로는 5월부터 봉황대 뮤직스케어와 연계해 매 주말 금요일부터 일요일까지는 천년고도의 밤을 즐기는 야간투어 명소로 발전하고 있다.

경주시는 봉황로 문화의 거리에 특색 있는 이미지와 감성문구를 나타내는 로고젝터를 설치했다. 로고젝터는 이미지 글라스에 빛을 투사하여 바닥, 벽면 등에 이미지와 문구를 비추는 LED 조명장치로 이색적인 볼거리를 제공해 눈길을 끈다. 유지비용이 저렴하면서도 밝은 색감의 조명으로 야간 시인성이 높아 방문객들의 안전을 도모하고 범죄예방과 경관디자인에도 효과가 매우 높다.

경주시는 최근 황리단길을 찾는 많은 관광객들을 도심상권으로 유도한다. 한편 경관디자인을 통한 도심활성화를 위해 봉황로 문화의 거리 특색을 살린 로고젝터 7개소를 설치했다.

문화와 젊음의 거리에 부합하는 감성적인 캘리그라피와 봉황로 문화의 거리를 나타내는 이미지로고가 곳곳에 설치되어 있다. 따뜻한 스토리와 문화를 덧입혀 관광객들의 시선을 끌고 있다.

이상영 문화관광실장은 "봉황로는 황리단길과 함께 전통문화와 새로운 문화가 공존하는 문화의 거리로 발전하고 있다"면서 "로고젝터는 다양한 이미지 글래스 교체가 용이해 향후 각종 행사와 축제, 시책 홍보에도 활용할 계획"이라고 말했다.

■ 문정헌

문정헌은 봉황대 남쪽에 아담한 한옥으로 꾸며진 도서관이자 만남의 장소 카페다. 황리단길과 연결되면서 경주시민과 관광객들에게 자연스럽게 노출되어 찾는 이들이 늘어나고 있는 새로운 쉼터다.

문정헌은 2012년 경주에서 성공적으로 개최된 제78차 국제펜대회를 기념해 설립된 작은 도서관이다. 2013년 6월 5천여 권의 도서로 문을 열었다. 문인들의 마음으로 마련된 장소여서 문인(文人)의 '문'과 문정헌 마당에 있는 신라시대 우물을 상징하는 '정'(井)을 합해 '문정헌'으로 현판을 걸었다. 소장된 도서는 국제펜클럽 한국본부 회원들의 기증으로 확보됐다.

도서관 내부시설이 북카페 형식으로 꾸며져 차를 마시며 책을 읽을 수 있다. 경주시민은 물론 경주를 찾는 방문객들이 책도 읽고, 차를 마시면서 쉴 수 있는 공간으로 기능이 점차 확대되고 있다.

문정헌 사잇길

▲문정헌

법장사▲

문화의 거리

　주민들의 만남과 소통공간으로 활용되는 한편 10여명의 모임을 하기에도 편리하다. 경주시와 문인단체들이 소규모 세미나를 개최하거나 북콘서트, 시낭송회 등의 행사를 진행하기에도 좋아 이미 정기적인 행사도 몇 차례 전개됐다.
　문정헌을 둘러싸고 있는 벽은 돌담에 기와를 얹어 정겹다. 이웃하고 있는 법장사는 일제강점기 일인들로부터 사들여 경주문화원 쪽에서 옮겨온 문화재적인 건물이다. 문정헌과 법장사와의 사이는 사립문이 있고 봉황대로 이어지는 오솔길은 연인들의 산책길로 인기다.

■ 청기와다방

　봉황대와 청기와다방은 경주중심가에서 황리단길로 이어지는 화랑로, 경주역에서 황남초등학교로 연결되는 일방통행로가 교차하는 사거리에서 마주보고 있다. 청기와다방은 68년의 전통을 가진 경주의 명물이다. 1950년대 가난과 질곡의 역사와 시민들의 애환이 그대로 묻어나는 정취가 리모델링을 거친 건물 곳곳에서 발견된다. 다방 내부에는 나름대로 멋을 부린 노인들이 점점이 자리하고 있다. 많은 시간을 흘려보내고, 다시 내닫는 시간을 애써 잡으려는 모습들이 역력하다. 시간과의 싸움에 지친 표정도 읽힌다. 경주의 지난 과거사에 대해 물어보면 하루해가 짧다. 소파에 깊숙이 묻힌 손님들에게서는 오래된 역사를 캐는 고고학자들의 모습이 연상된다.

　벽면에는 경주박물관으로 옮겨간 성덕대왕신종이 봉황대 앞의 종각에 매달려 있는 흑백사진으로 역사를 증명하고 있다. 가끔 약속시간이 남아 처음 오는 손님이 들면 구시대적 풍경에 당황하기도 하지만 이내 익숙하고 편안하게 자리를 잡게 된다. 청기와다방에서 커피를 주문하면 십중팔구 실패다. 까맣게 탄 듯한 진한 원두의 맛을 좋아한다면 성공이지만 설탕과 프리마를 큰 숟가락으로 넣어야 먹을 만 한 커피가 나오기 때문이다. 제3공화국 영화 속에나 보았던 계란 노른자가 동동 뜨는 쌍화차는 여전히 추억을 담아 나온다. 쌍화차는 청기와다방에서 가장 비싼 차로 5천 원이면 된다.

　청기와다방 사거리 하면 경주사람들은 다 안다. 옛날 경주의 중심이었기 때문이다. 지금도 경주 중심상가라고 하지만 오래된 건물이 풍기는 멋이 시골스럽다. 세월의 흔적을 짐작하게 하는 상점들도 여기저기 눈에 띈다.

청기와다방에서 보는 풍경

사진이나 그림을 보기 좋게 액자에 담아내는 표구점들이 있고, 50~60년의 전통을 자랑하는 칠성양화점도 아직 손으로 구두를 꿰매고 있다. 옹기전으로 불리는 골목길에는 오래된 식당들이 여전히 그 맛을 간직하고 손님을 기다리고 있다.

청기와다방 사거리

문화의 거리

아카데미극장과 롯데시네마 영화관이 DVD 상영관 앞에서 골목길을 사이에 두고 양립하고 있다. 영화관은 새로운 변신을 시도하고 있지만 고풍스런 느낌은 그대로 남아 있다. 옛날식 양잠점과 양복점 이름을 가진 옷가게도 도로를 따라 줄을 잇고 있다. 물론 유행하는 패션 감각의 옷들이 가득하다.

청기와다방에 앉아 창밖의 풍경을 감상하는 일도 흥미롭다. 큰 창틀이 그대로 한 폭의 풍경화를 담아낸다. 봉황대와 우거진 노거수들, 분주하게 오가는 행인들, 황리단길로 이어지는 프리마켓을 기웃거리는 군중들의 표정을 살펴보는 소소한 삶의 여유를 힐링이라 해본다.

황리단길 입구

황리단길

  경주 황리단길이 새로운 문화의 거리로 등장하며 내국인은 물론 외국인까지 몰려드는 핫플레이스로 등장하고 있다. 방문객이 몰려들면서 황리단길은 리모델링을 거듭해 좌우 골목길로 빠르게 확산되고 있다. 오래된 대릉원 돌담길 옆으로 시선을 사로잡는 먹거리, 다양한 즐길거리가 들어서면서 새로운 문화가 창조되고 있다. 젊은 층을 겨냥한 악세사리와 의류, 다양한 소품으로 무장한 기념품점들도 줄을 이으면서 여심을 흔들고 있다.
  고도제한구역에 묶여 1층 단출한 1970년대의 가옥들이 신세대의 눈높이에 맞춰 리모델링하면서 기상천외한 모습으로 변신을 거듭하고 있다. 방문객들의 계층별 입맛을 겨냥한 식당들이 기존 상식의 틀을 깨고 벽을 헐어 손님을 직접 맞는다. 시원하고, 고소하고, 달달하게 입맛을 자극하는 맛집들 앞에 길게 줄을 서서 기다리며 휴대폰을 들여다보는 싱싱한 풍경들이 정겹다. 한 집 건너 한 집 꼴로 대나무를 세웠던 점집은 거의 사라지고 신풍속도가 펼쳐지고 있다. 추억을 쌓아가는 새로운 흑백사진관들이 문을 열어두고 발길을 유혹한다.
  맛집, 잡화점, 아이스크림점, 한복대여점, 비어와 구이, 브런치와 커피로 무장한 황리단길이 신세대의 새로운 문화를 창조하면서 동서남북으로 무한정 발을 뻗고 있다. 대릉원 돌담길을 따라 불쑥불쑥 솟아 있는 고분과 키 낮은 집들이 오밀조밀 옛이야기를 풀어놓는 황리단길에서는 누구나 이방인의 낯선 자유를 만끽하며 깊은 힐링의 맛을 즐길 수 있다.

황리단길

　서울에 경리단길이 있다면 경주에는 황리단길이 있다. 경주고속버스, 시외버스터미널에서 걸어서 10여분 거리다. 고분공원 봉황대에서 남쪽 황남동파출소로 쭉 이어지는 골목길이다. 이 지역은 대릉원과 고분 등의 역사문화사적지와 붙어 있어 고도제한구역으로 지정되어 높이 10m 이상 되는 건물이 없다. 모두가 1층 나지막한 건물들이 오밀조밀 밀집되어 있다. 황남네거리에 2층 건물이 한둘 있을 뿐이다.

　황리단길은 봉황대 프리마켓거리에서 내남네거리를 지나면서부터 시작된다. 대릉원을 왼쪽으로 끼고 황남파출소를 지나 황남초등학교 네거리까지가 메인도로다. 최근에는 황리단길이 경주의 핫플레이스로 떠오르며 방문객들이 늘어나자 대릉원 돌담길과 황남한옥마을 안길까지 상가가 이른 봄 들불 번지듯 확산되고 있다.

　황리단길로 들어서면 가장 먼저 경주 대표 먹거리인 빵가게가 자리하고 있다. 이어 최신 황리단길의 트렌드를 창조하고 있는 '노르딕'이 옛집의 서까래가 그대로 노출된 인테리어로 눈길을 끈다. 브런치카페로 주말이면 항상 대기하는 손님들이 줄을 서 있다. 이어서 안이 훤히 들여다보이고, 안에서 길가는 사람들의 표정을 살피며 즐길 수 있는 커피전문점, 아이스크림 전문점 별봉, 도넛베이커리, 대화맥주, 버거D 등의 신세대를 겨냥한 맛집들이 이어진다. 다음이 가장 많은 대기자들을 볼 수 있는 홍앤리식탁이다. 매주 메뉴가 바뀌는 가정식으로 음식이 나오는 퓨전한식당이다. 여기까지 오면 황리단길의 분위기를 대충 짐작할 수 있게 된다.

문화의 거리

대릉원 돌담길

화이트보드 홍보간판

  황리단길은 시대의 흐름에 따라 대중음악이 변하는 것처럼 비슷하면서도 독창적인 특징을 가진 점포들이 다닥다닥 붙어 시선을 끈다. 홍앤리식탁을 지나면 골목길 쏙 들어간 곳에 공주마마 한복대여점이 있다. 주인이 미용실을 겸하고 있어 고객의 머리를 공짜로 손봐주기도 한다. 한복에 어울리는 머리핀이나 장신구, 신발 등을 무료로 이용할 수 있어 가족 모임, 시낭송 등의 모임에 참여하는 이들도 이용한다. 개량 한복 판매대여점인 '한복나드리', '한복판 (한복대여)', '마실(한복대여)' 등이 발길을 잡는다.

  공주마마처럼 한복을 차려입고 나서면 기념품과 토산품들이 진열된 신라상회가 나온다. 한정식을 주메뉴로 하는 주썸, 맞은편에는 옛날식 불고기를 편하게 먹을 수 있는 옛불식당이 고소한 냄새를 날리며 지나는 발걸음을 붙잡는다. 어디에나 있는 서점, 어디에도 없는 서점은 어서어서라는 상호를 달고 책 처방해주는 문학전문서점으로 자리를 잡고 있다. 여기 젊은 주인은 대구 야구장에서 vip자리를 받을 정도로 유명하다. 근래에는 힐링을 목적으로 하는 책들이 잘 팔린다고 한다. 표지디자인부터 개성이 있는 책들을 진열하고 있는 '지나가다' 서점은 젊은 층이 선호하는 가수를 초청해 미니 음악회를 열고 이벤트에 참여하려는 방문객들이 문전성시를 이루었다. 서점 옆 유리창에 '배리삼릉공원'이라 쓰고, 소박하고 따뜻해 보이는 기념품들을 손으로 직접 제작해 진열 판매하는 가게가 있다.

  카페에서는 말이 필요 없다? 'No Words카페'가 황리단길 최고의 커피맛이라 자부하며 재봉틀 등 향수를 불러오는 골동품 인테리어를 하고 추억을 오래 붙잡고 있다.

'인생네컷' 사진관은 전신을 셀카로 찍을 수 있는 공간과 VR체험으로 마치 이집트의 스핑크스 주변을 롤러코스트 타는 즐거움을 준다. 대릉원흑백사진관은 여러 장의 사진을 찍어 마음에 드는 사진을 액자에 넣어준다. 교복과 교련복을 준비해 두고 있다. 벽면의 장난스런 그림과 간판에서 벌써 추억이 묻어나 과거로의 여행을 떠날 수 있게 해준다.

수제 핫도그를 파는 '알로핫', 디저트카페 '시노레몬', 직접 만든 소스와 키운 닭의 유정란을 사용하는 '에그샌드위치', 양식집 '리한', 시원한 호프와 다양한 요리를 맛보게 하는 '창고1069', 새로운 양식의 맛을 선보이는 '엉클레빗'이 줄을 이어 서 있다. 황리단길의 점포들은 대부분 소규모여서 가게 앞으로 의자와 벤치를 놓아두어 한층 멋스러운 분위기를 연출한다.

사진관 앞에서 사진

골목길로 확산

■ 또바기와 동경

또바기 식당

    황리단길의 메인도로는 이제 차고 넘친다. 골목길을 따라 식당, 카페가 나날이 확산되고 있다. 골목투어가 주는 즐거움은 신선하다. 노르딕을 지나기 바쁘게 서쪽으로 골목길이 있고, 한옥울타리에 검은 바탕에 흰 글씨로 '또바기'라고 똑똑하게 보인다. 또바기는 언제나 한결같이 라는 뜻이다. 퓨전한식집으로 영양식 매콤치즈 등갈비, 한우 뚝배기 불고기, 한우 카레라이스, 돈까스 등의 일반적이지만 낯선 맛으로 포스팅된 맛집이다. 특별메뉴로 소고기 냉면을 개발해 여름철 주문이 쇄도한다. 실내 인테리어가 정겨워 추억을 담는 포토존으로도 인기다. 일인상으로 차려진 상차림은 깔끔하고 정갈하고 맛 또한 최고다. 특히 영업시간은 아침식사도 가능한 오전 10시부터 저녁 10시까지다. 저녁 산책길에 시원한 맥주도 즐길 수 있어 이곳을 찾는 손님들의 행복지수도 올려준다.

경주한복

 벽화가 그려진 골목을 따라 남쪽으로 가다보면 단촐한 한옥에 이색적인 분위기로 꾸민 카페가 있다. 해가 지면 어둠살이 내린 골목길에 아련하게 새어드는 조명이 색다른 분위기를 연출한다. 어깨동무로 정겨운 연인들의 산책이 자주 노출된다. 이상적 로스터리카페, 로스터리 동경, 미실, 아덴 등의 예스럽지만 신세대적 감각이 돋보이는 간판을 내건 식당이면서 카페이기도 한 새로운 쉼터들이 골목길에 자리하고 있다.

문화의 거리

■ **황리단길 그리고 맛집**

 황리단길을 들어서면서 300여m까지는 동쪽으로 대릉원 돌담이 경계가 된다. 황리단길은 남쪽으로 쭉 이어지고 동쪽으로는 대릉원 돌담길을 따라 가는 또 다른 고풍스런 돌담길이 나온다. 황리단길의 확산이다. 이상복 이름을 내건 빵집과 도솔마을, 마놀(마시고 놀자), 꼬까입자 한복동자, 황남상회 등 간판들이 눈길을 끈다. 천냥으로 토정비결운세를 봐주는 도깨비명당이란 입간판을 내건 곳에서 청춘 남녀들은 쉽게 천 원을 쓴다. 운세가 적힌 작은 색색의 공이 튀어나오면 읽어보기도 전에 들고 기념촬영부터 하는 청춘들의 얼굴이 순수하고 밝다.

벽화

경주는 시간여행지다. 오래된 시간 위에 현재와 미래의 시간들을 다양한 취향으로 인테리어 해 남녀노소 할 것 없이 발길을 끌어당기는 매력이 있다. 구시대 아날로그적 문화와 발랄하고 이색적인 신세대문화가 골목마다 공존하고 있다.

대릉원 돌담길

파라솔과 벤치를 비치해 쉽게 걸터앉아 아이스크림, 빙수, 아이스 아메리카노를 주문한다. 도솔마을은 돌담길 동네 터줏대감이다. 오래전부터 이곳에 자리잡고 부추전과 된장찌개, 동동주 등 토속적인 먹거리들을 메뉴로 한다. 두 칸, 세 칸짜리 집과 마당에 넓은 평상이 있어 어디든 편하게 앉아 쉬면서 소규모 모임을 하기에도 좋다. 도솔마을 뒤편으로는 팬션, 민박집들이 이마를 맞대고 있다. 골목마다 초가지붕에 간판을 달고 신개념의 숙소를 안내한다. 골목길을 빠져나와 금슬채, 황남관, 소설재 등 고급스런 팬션들도 황리단길 주도로변에 자리해 다양한 계층의 관광객을 기다리고 있어 신라 고도의 달밤 정취에 누구나 쉽게 젖어들 수가 있다.

황리단길에서 대릉원 돌담을 끼고 이어지는 골목길을 따라가면 원조 '입고 놀자' 한복대여점을 비롯한 퓨전음식점들이 대박을 치면서 순식간에 한복 대여점과 식당, 카페가 들어서고 있다. 지금도 대릉원 골목길을 걷다보면 두 집 건너 한 집은 리모델링하는 목수의 망치소리를 들을 수 있다. 황리단길 주변 땅값이 천정부지로 뛰고 있다. 임대료 또한 마찬가지다. 새롭게 개발이 진행되면서 원주민들은 떠나고 중소기업과 대기업이 판을 치는 젠트리피케이션 현상이 우려되기도 한다. 빛과 그림자의 명암이 서민들의 아픔을 키우는 일로 확산되지 않도록 행정의 세심한 배려가 필요하다 하겠다.

문화의 거리

사진관 벽화

벽화▲

▲황리단길 안쪽 골목

  먹고, 입고, 즐기는 일들도 유행 따라 흘러가기 마련이어서 황리단길로 몰려드는 힐링의 발길이 오래 지속되기를 바랄 뿐이다. 주말을 맞은 상가 불빛들이 늦게까지 어둠을 밝히고 있다.

강시일 기자와 떠나는...

경주 힐링로드 3권

2018년 11월 5일 발행

발 행 처 대구일보 · 경주시
글 · 사진 강시일

펴낸곳   도서출판 책나무
         경주시 현곡면 금장1길 38, 101호
전 화   (054)741-4595
팩 스   (054)742-4595
E-mail. jucom44@naver.com
등 록 일 2005년 12월 19일
등록번호 160-97-00582

국립중앙도서관 출판예정도서목록(CIP)

(강시일 기자와 떠나는) 경주 힐링로드. 3권 / 강시일 [지음
]. -- [경주] : 책나무, 2018
    P. ;   cm

ISBN 979-11-85821-15-3 04910 : ₩15000
ISBN 979-11-85821-14-6 (세트) 04910

역사문화[歷史文化]
경주(경상북도) [慶州]

911.85-KDC6
951.9-DDC23   CIP2018033759

※ 저작권은 작가에게 있다.